JN436514

# 엿을 사는 재미

# 엿을 사는 재미

장은초 수필집

펴낸날 | 초판 1쇄 · 2012년 12월 2일
지은이 | 장은초
펴낸이 | 이승훈
펴낸곳 | 해드림출판사

등록번호 | 제387-2007-000011호
등록일자 | 2007년 5월 4일
주소 | 서울시 구로구 온수동 47-1 청곡빌딩 510호
대표 전화 | 02-2612-5552
팩스 | 02-2688-5568
이메일 | jlee5059@hanmail.net

ISBN 978-89-93506-59-4

# 엿을 사는 재미

장은초 수필집

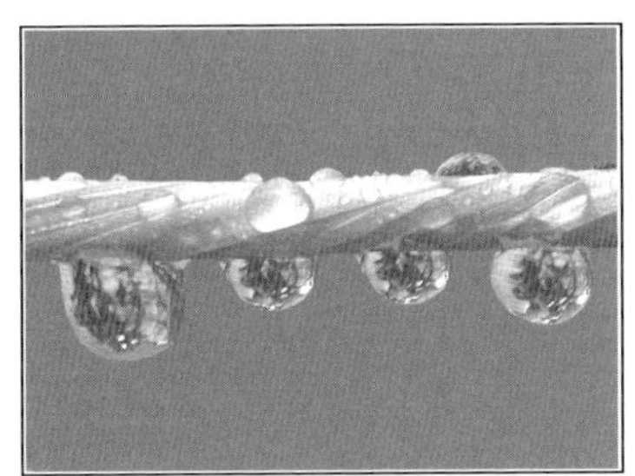

# 내 인생 둘레길에서

밤꽃 향기 흩날리던 초여름에, 북한산 둘레길을 시작해 알밤이 투닥투닥 빠지는 가을에야 71.8km 대장정을 마쳤습니다. 21구간, 스물한 가지 길은 참으로 다양한 모습을 보여줬습니다.

평평한 길이 있는가 하면 자드락길, 오르막 내리막 길도 많았습니다.

둘레길에서 마주쳤던 숱한 것들(사람도 산짐승도 풀꽃도 곡식도 나무도)이 하나하나 떠오릅니다.

어느 집 담장 밖으로 뻗은 앵두나무엔 빨간 구슬이 다다귀다다귀 가지가 휠 정도로 달려 있었습니다. 나는 도리깨침을 삼키며 어린애같이 한참 동안 발을 붙이고 서 있었습니다.

어떤 길에서 남편이 가시덤불을 헤치고 들어가 산딸기 한 움큼 따서 건네주었습니다. 또 어떤 길에서는 투다닥 떨어지는 알밤을 부리나케 쫓아가 줍는 행운도 누렸습니다.

산길, 들길, 마을길, 오르막 내리막이 심심할 틈도 없이 이어졌습니다.

그 나름대로 다 걸을 만한 길이었습니다.

둘레길을 끝내고 돌아오면서 우리 인생길과 너무도 닮았다는 생각이 들었습니다. 우리 인생길이 어디 레드카펫 같이 편편하고 푹신한 길만 있을까요? 그런 길은 아주 잠깐 잠깐이고 덤불길 오르막길이 훨씬 많지 않나싶습니다. 다만 둘레길과 인생길이 다른 게 있다면, 둘레길은 계획하고

준비해 걸으면 도착점이 어디인지를 알고 걷지만 인생길은 그 누구도 도착점을 알 수 없다는 것입니다.

주말마다 소박한 도시락을 싸서 남편의 손을 잡고 걸었던 그 길이 그리워질 때마다 길 위에서 만났던 아름다운 것들을 하나씩 되새김질 하게 될 것입니다. 다람쥐도, 산비둘기도, 나비도, 잠자리도, 이름 모를 들꽃도 눈에 아른거립니다.

내 인생의 둘레길은 어디쯤 와 있을까 생각해 봅니다.

잰걸음으로 지나오다 놓쳐버린 것들을 이제는 천천히 걸으며 아주 소소한 것이라도 보고 느끼려고 합니다.

첫 수필집을 낸 지 5년 만에 두 번째 수필집을 펴냅니다. 지레뜸을 내미는 듯이 부족하고 부끄러운 마음은 그때나 지금이나 매한가지입니다.

세월의 깊이 만큼 잘 우려내지도 못한 고만고만한 글로 독자들을 만나려니 진땀이 먼저 납니다. 그래도 사랑하는 가족이 있어 힘을 내어봅니다.

느지막한 나이에 군 복무 중인 큰아들, 머지않아 대한민국 장교가 될 작은아들, 영원한 나의 우군인 남편과 출간의 기쁨을 함께 나누고자 합니다.

임진년 늦가을에

장은초

‖ 목차 ‖

## 2. 자반고등어

## 3. 내가 헬리콥터 엄마일까

# 4. 그립다 말을 할까 하니 그리워

## 5. 시어머니의 맏이사랑

## 6. 양심은 지켜가는 것

# 1. 내가 피노키오였다면

그해 여름엔 별을 주웠네

짧은 영광 긴 창피

내가 피노키오였다면

욕심

영원한 현직

포항말이 어때서

지천명에 스포츠맨십을 배우다

그런다고 누가 상줘요

내 별명 코쟁이

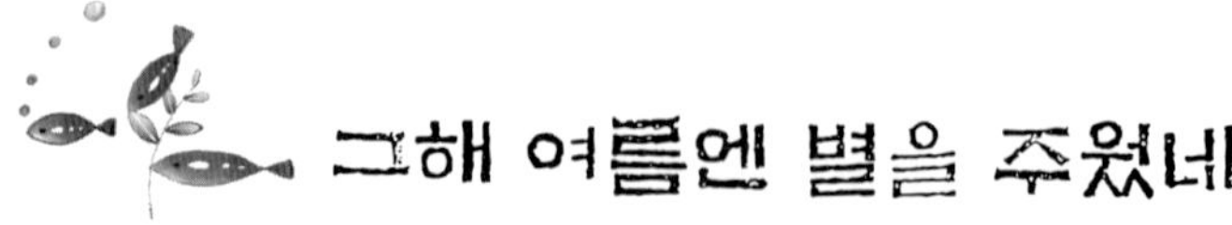

# 그해 여름엔 별을 주웠네

살면서 가슴 설레었던 날이 어디 한두 번 이었을까만, 그날처럼 가슴이 콩닥콩닥 두방망이질로 주체할 수 없이 느꺼웠던 적은 아마 없었을 것이다.

십 수 년 전, 내 나이 서른 중반이던 어느 초여름 날이었다.

두 아이를 데리고 일본뇌염 예방 접종차 구청보건소에 들렀다. 2층 주사실은 어른과 아이들로 북새판이었다. 한 무리 빠져 나간 뒤에 좀 한산해지면 다시 들어갈 요량으로 나는 아이들을 데리고 1층 민원실로 내려왔다. 번잡스런 사내아이들 치다꺼리 하느라 한눈 팔 새도 없었지만 민원실에 비치된 책 한 권을 집어 들었다. 구(區)의 행정을 홍보한 책자인지라 파적 삼아 건성건성 뒤적였는데 수필 한 편이 내 눈에 띄었다. '순수를 찾아서'라는 제목으로 어느 남자 공무원이 쓴 글이었다.

'이럴 수가, 이럴 수도 있단 말인가!' 뜻밖에도 내 유년 시절 이야기가 그곳에 있었다. 오랫동안 가슴 한구석에 곱다랗게 간직해온 추억 보따리 하나가 그 수필 속에서 도란도란 잠깨어나 나를 향해 방싯거렸다.

'잘 살아보세!'를 외치며 조국 근대화의 깃발을 드높이던 70년대 초였지만 내가 자란 곳은 지지리도 궁색했던 시골의 작은 마을이었다.

초등학교 5학년 여름방학이 시작될 무렵, 도회의 바람을 잔뜩 싣고 우리 마을로 찾아온 손님들이 있었다. 대구 Y대 학생들 일곱 명이 농촌봉사활동을 왔던 것이다.

낮에는 풀을 베어 퇴비 만드는 작업을 도왔고 밤에는 우리들에게 공부를 가르쳐 주었다. 물질물명이 유리된 시골소녀들에게 그들과의 만남은, 매일 매일이 설렘이고 축제였다.

금방이라도 별이 좌르르 쏟아져 내릴 것 같은 여름밤, 마을 회관 마당에 멍석을 깔아놓고 옹기종기 모여 앉았다. 대학생 오빠들이 들려주는 이야기에 푹 빠져 울고 웃는 시간은 신선놀음 그 자체였다. '잘 먹고 잘 살았다'는 해피엔딩 일색의 전래동화 밖에 몰랐던 우리에게 '아라비안나이트'는 별똥별을 한아름씩 따다 안겨주는 환희였다.

고대 페르시아 무슬림들의 삶이 밤마다 유장하게 펼쳐지고 사랑과 배신, 복수의 파노라마가 밤하늘 자연이 주는 또 하나의 이벤트와 어우러져 그 여름밤은 우리들만의 축제로 행복했다.

빗금을 그으며 수다하게 스러져간 별똥별이 소녀들의 가슴에도 치마폭에도 소복이 쌓일 때쯤에야 세헤라자데 왕비의 이야기는 끝이 났다.

우물 안 개구리마냥 눈에 보이는 세상이 전부인 줄 알았던 내게, 오빠들과 함께 한 2주일은 더 넓은 세상을 바라볼 수 있도록 예쁜 창을 하나 달아주었으니 시골소녀에겐 참으로 동뜬 선물이었다.

장독대 옆에 핀 노란 금송화를 꺾어 꽃다발을 만들다가 내동댕이치고 떠나는 오빠들의 뒤를 따라갔다. 과수원 모퉁이를 돌아서는 오빠들의 뒷모습을 눈물로 훔쳐보며 시골소녀들은 바람만바람만 따라갔다. 신작로까지 2km가 족히 되는 거리를 멈춰섰다 따라갔다를 반복했다.

'그만 들어가라'는 오빠들의 손짓이 있으면 탱자나무 뒤에 숨었다가 다시 따라가는 게 마치 '무궁화 꽃이 피었습니다' 놀이와도 같았다. 결국 버스 타는 곳까지 배웅하게 되었다. 버스가 당도하자 오빠들의 눈도 젖어있었다. 버스에 오르며 손을 흔들어 보였다. 그 가슴 저리도록 애절했던 이별이 'the end'를 알리는 영화의 마지막 장면처럼 흙먼지 뽀얗게 날리며 버스는 그렇게 멀어져갔다.

아! 눈물겹도록 아름다운 그날의 이야기를 지금까지도 나와 공유하는 사람이 있다니…. 그 짧은 만남을 아직도 소중하게 간직하며 그리워하는 사람이 있단다.

'한여름 녹음처럼 풋풋하던 스무 살에 어느 시골, 장씨 집성촌에서 순박한 분들과 순진무구했던 소녀들과의 만남이 이십 년도 훨씬 더 지났건만 해마다 여름이 오면 신열이 올라 마음이 먼저 뜨거워진다. 별빛보다 더 초롱초롱한 눈망울을 가졌던 소녀들은 지금쯤 아이 엄마들이 되어 있겠지. 빛나는 청춘, 그 삶의 여정에서 내가 만난 건 천금보다 더 값진 순수였다. 이제 어디서 그런 순수를 만날 수 있으랴!'

나는 수필 끝머리를 메모지에 적바림하며 다시 가슴이 콩닥거렸다. 마음만 먹으면 그 필자를 찾을 수도 있었지만 나는 결코 찾지 않으리라 다짐했다. 나는 열두 살의 초롱초롱한 눈망울을 가진 소녀가 아니라, 티끌세상에서 적당히 반드러워진 서른 중반의 아줌마였기에….

내가 그때의 소녀였다고 말할 용기도 없을뿐더러 그 필자의 기억 속에 언제까지나 순수한 시골소녀로 남고 싶은 마음이 더 간절했기 때문이다.

보건소를 다녀 온 날, 나는 작은 결심을 했다. 문학소녀 시절 이후, 놓아버렸던 붓을 다시 들었다. 오랫동안 잊고 살았던 글밭을 착실히 가꾸기로 마음을 도슬렀다. 너무 오래 돌보지 않아 묵정밭이 되어버린 내 글밭엔 잡풀만 우부룩했다. 늦었다고 생각할 때가 가장 빠르다는 말을 새기며, 무딜 대로 무뎌진 연장을 벼렸다. 나는 작가의 꿈을 꼭 이루리라고! 그리고 이 아름다운 이야기를 글로 남겨, 두고두고 추억하리라고!

며칠 전, 대학 1년생인 작은애가 여름방학이 되면 동아리에서 '농활'을 떠날거라 했다. 농활이 '농촌봉사활동'의 줄임말 이라는 건 알지만 '농활'에서는 어쩐지 애틋함도 낭만도 와 닿지 않는다. 그렇더라도 내 아이 또한 젊은 날, 삶의 긴 여정에서 순수라는 쉼표 하나를 얻어 올 수 있었으면 좋겠다. 문득 그런 욕심이 들었지만 그건 아날로그 시절에서나 가능한 이야기일 뿐, 그저 낯선 농가에 가서 피해나 주지 않고 오면 다행이겠다 싶다. (2009년)

# 짧은 영광 긴 창피

아이들의 성적표를 한 파일에 넣어 일목요연하게 정리하리라고 마음먹은 지 몇 달만에야 실행에 옮겼다. 그게 무에 어려운 일이라고 미루적대기만 했는지 모를 일이다.

따로 따로 보관해오던 성적표와 꼬리표를 그러모아 한 장 한 장 파일에 넣었다. 작은아이는 제 형 성적표를 볼 때마다 "이게 인간의 점수가?" 라는 말을 하곤 했다.

'우리 맏아들 공부 참 열심히 했었지!' 하뭇하게 성적표를 들여다보다 중2 때, 1학기 중간고사 성적표를 보는 순간 내 입이 굳게 다물어졌다. 이 성적표를 들고 왔던 날, 나는 속상해서 아이에게 얼마나 많은 잔소리를 해댔던가. 큰아이는 수학을 잘하는 편이라 거의 100점을 놓치지 않았는데 그 중간고사에서는 92점을 받아왔다.

학원에서 돌아와 늦은 저녁을 먹고 있는 아이 등 뒤에서 나는 한껏 잔소리를 늘어놓고 말았다. 그래서는 안 되는 줄 알면서도 100점을 놓친 애통함이 영 가시지가 않았다. 속상하기로 치면 나보다 당사자인 저가 더할 텐데 말이다.

밥 먹는 아이 체증 들겠다며 남편이 그만하라고 눈짓을 주었다. 저녁식사를 마친 아이가 제 방으로 들어가자마자 남편은 기다렸다는 듯이

"당신은 수학시험 100점 받아본 적 있냐?"며 나무랐다.

"물론 있죠. 짧은 순간이었지만…."

말끝을 흐리는 것도 그렇거니와 백 점이면 백 점이지, 짧은 순간은 또 무엇이냐며 남편은 여간 궁금해 하는 눈치가 아니었다. 그도 그럴 것이 남편과 연애시절에 내가 제일 먼저 고백한 것은 학창시절 수학점수였다. 묻지도 않았는데 마치 자수하여 광명이라도 찾을 것처럼 내 수학점수는 아주 바닥을 기었노라고, 고백을 해버렸다. 그래 놓고선 새삼스레 수학시험 백 점을 맞은 적 있다니 남편에게는 내가 얼마나 물색없이 보였을 것인가.

돌이켜보면, 학창시절 나는 왜 그리도 수학을 싫어했을까 싶다. 유능한 선생님이 아무리 열과 성을 다해 가르쳐도 나에게 수학은 '봉사 단청구경'에 지나지 않았다. 수학과 나는 사돈네 팔촌보다 더 먼 관계였으니 점수가 잘 나올 리도 없었고, 잘 나온다면 그게 되레 이상할 일이었다. 그래도 다행인 게, 내 아이들은 수학과 담 쌓고 산 제 어미를 닮지 않았다는 사실이다.

여고 1 학년 때였다.

당시 수학선생님은 시험을 치르고 나면 반드시 점수를 공개하셨는데 야속하게도 60점 미만인 아이들에겐 손바닥을 때리셨다. 1학기 중간고사 치른 뒤, 수학성적이 전반적으로 하향선이라 선생님의 기분도 잔뜩 가라앉은 상태였다. 나처럼 수학 못하는 아이들은 성적공개에 더욱 주눅이 들 수밖에 없었다. 선생님은 1번부터 점수를 불러나가다가 내 번호 13번에 딱 멈추셨다.

"13번 학생 일어나 보거라! 이 학생이 이번 시험에서 유일하게 만점이다! 모두 큰 박수로 축하해 주길 바란다."

'내가 100점이라니, 이 무슨 경천동지할 일이던가! 내가 내 실력을 가장 잘 아는데….'

뭔가 착오가 있을 거라 생각하면서도 얼떨결에 나는 우레와 같은 박수를 날름 받아먹고 말았다. 끝 번호까지 점수 공개를 마치자, 여기저기서 웅성거림이 들렸다. 60점 미만자가 되어 앞으로 불려나가던 아이들이 거세게 이의를 제기했다. 평소 수학공부깨나 하던 애들이 불려나가게 되었으니 가만있을 리가 없었다.

선생님은 이내 착오를 인정하고는 수첩 한 장을 뒤로 넘겨 진짜 우리 반 성적을 부르셨다.

내 차례가 되었다. "13번 35점!" 선생님은 매섭게 나를 노려보셨다. 조금 전 백 점의 영광은 온데간데없고 졸지에 비 맞은 장닭 꼴이 되어 매 맞으러 나가는 나를, 친구들은 등 뒤에서 구경난 것처럼 낄

낄댔다.

요즘 유행하는 말로 '난 번호가 13번이었을 뿐이고, 선생님이 다른 반 성적을 불렀을 뿐이고….'

그런데 왜 나를 그토록 괴란쩍게 만들어버렸을까. 백 점의 대가는 짧은 영광 긴 창피로 남아 두고두고 나를 따라 다니며 웃음가마리 노릇을 하게 했다.

수학시험 백 점 해프닝은 내 학창시절을 반추할 때 조금도 유쾌하지 않은 기억이다. 그럼에도 나는 그 창피스러움조차 소중하게 껴안고 있다. 삶에서 학창시절 수학성적과 행복은 조금도 비례하지 않기 때문이다.

그렇더라도 수학공부 못했는 걸 자랑인 양 떠들며, 미분, 적분 몰라도 사는데 아무런 지장 없다고 서슴없이 말하고 다니는 무지렁이 노릇은 이제 그만해야겠다.

예전엔 체력이 국력이라고 했지만 바야흐로 21세기엔 수학이 국력인 시대가 되었다. 과학기술 분야 외에도 산업, 의학, 금융, 인터넷 등 수학 없이는 결코 발전할 수도 없는 분야들이라니 수학이 곧 국가 경쟁력을 높이는 학문이라는데는 누구도 이의가 없을 것이다. 내가 비록 수학에 판무식쟁이라 해도 수학실력=국력이라는 인식만큼은 지금 바로 정립해야 할 것 같다. (2008년)

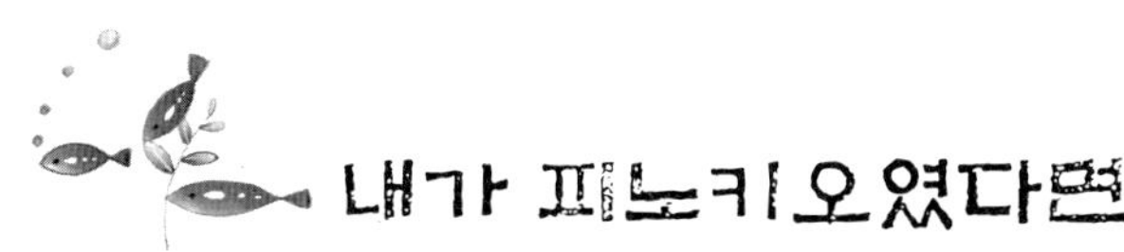

# 내가 피노키오였다면

저녁 찬거리를 사러 슈퍼에 갔더니 아이스크림을 무려 70%씩이나 할인판매하고 있었다. 떡 본 도깨비마냥 파격적인 할인율에 홀려 나는 잽싸게 냉장고 앞으로 갔다. 아이스크림의 종류가 어찌나 많은지 안쫑잡아도 20여 가지는 넘어 보였다. 소도록한 냉동고 속에서 나는 분홍과 파랑 하트가 그려진 부라보콘을 우리 식구 수만큼 골랐다. 30년도 훨씬 더 지난 부라보콘 아이스크림에 아련한 향수가 밀려왔다.

내가 중학교 다닐 때 처음으로 부라보콘이 출시되었다. 당시 교통비가 20원이었는데 왕복교통비보다 더 비싼 50원짜리 아이스크림을 사먹기란 쉽지 않았다. 용돈이나 비상금을 따로 챙겨 다닐만한 여력이 없었던 우리 또래들은 부라보콘을 사먹기 위해 별의별 수단을 다 동원했고, 그러다 보니 느는 건 거짓말뿐이었다.

친구들은 저마다 용돈조달 방법에 관한 노하우를 공개하곤 했는데, 그 중 압권은 사전을 사는 일이었다. 중학생이 되었으니 영어사전 한 권은 필수였고 다른 참고서에 비해 가격이 높아 사전으로 인한 떡고물도 월등히 컸다.

영어사전 살 돈을 부모님에게 타내어 일단 사전을 구입한 뒤, 본격적인 작업(?)이 시작되는 건 한두 달이 지나고 나서였다.

"엄마, 사전 사게 돈 좀 줘요."

"저번에 사전 산다고 돈 가져갔잖은가?"

"저번에는 영어 사전 샀고, 이번에는 잉글리쉬 사전 사야 해요."

나는 어머니께 사전 값을 두 번이나 받아냈다. 양심이 따끔거렸지만 그래도 자신을 정당화할 핑계거리가 있다는 게 여간 다행스럽지 않았다

'친구들은 영어사전, 잉글리쉬 사전, 잉글리쉬 딕션너리, 영한사전까지 네 번이나 돈을 타냈는 걸. 나는 겨우 잉글리쉬 사전까지만 샀을 뿐인데 뭘!'

오십보백보를 알기에는 너무 철이 없었나 보다.

방과 후 교문을 나서면 찐빵, 호떡, 떡볶이, 핫도그, 아이스크림 등 보는 것마다 목젖이 방아를 찧어댔다. 간식거리가 늘비한 길을 지나오려면 우리의 발걸음은 언제나 더디기만 했다. 먹고 돌아서면 금세 헛헛해져 계집아이들은 하루라도 주전부리하지 않고는 집에 올 수 없을 것처럼 오로지 먹을 것에만 안달하던 하굣길이었다.

그때 아이들은 부모를 속이는 일에 아주 이골이 나 있었다.

중학교 2학년 때 저지른 소행 한 가지는, 지금도 양심 밑바닥부터 나를 저릿저릿하게 만든다.

'선생님 은공은 머리를 잘라 신을 삼아드려도 다 못한다.' 라며 어머니는 자식을 맡아 가르치는 담임선생님에 대한 외경심(畏敬心)이 끔찍하셨다.

학년 말이 가까워져 오면 1년 동안 수고하신 담임선생님께 으레 성의 표시를 했는데, 내가 중학생이 되어서도 어머니의 정성은 여전하셨다.

중2 종업식을 며칠 앞둔 어느 날, 어머니는 후줄근한 보따리 하나를 내 손에 쥐여 주셨다. 선생님께 갖다 드리라며 내민 보따리에는 어머니가 손수 농사지으신 참깨가 족히 한 되가 넘게 담겨있었다. 담임선생님이 고상한 미술 선생님만 아니었어도 배달사고를 일으키지 않았을 텐데….

나는 선생님께 도저히 그 후줄근한 보따리를 내밀 용기가 나지 않았다. 학교 앞 단골 호떡집에 참깨 보따리를 맡겨놓고 등교했다가 하굣길에 찾으러 갔다. 그런데 호떡집 주인여자가 참깨 보따리 대신 호떡을 봉지에 가득 담아주었다. 불감청고소원이라고 하듯 내심 기뻤다. 다음날도 그 다음날도 수북한 호떡 봉지를 건네받았고 나는 그걸로 친구들에게 흐더분하게 선심까지 쓸 수 있었다.

참깨에 감빨린 주인여자와 주전부리에 안달하던 계집애가 서로 죽이 맞아 은밀한 거래를 하고 말았다. 어머니의 순진무구한 정성을 눈

하나 까딱 않고 식언을 하고도 철없는 딸년은 가책은커녕 순전히 하느님이 보우하사 호박이 넝쿨째 굴러온 행운으로까지 여겼다.

자식이 속이려 들면 부모는 알고도 속고 모르고도 속는 게 다반사이리라. 내가 부모 되어 자식을 키워보니 비로소 알 것 같다.

큰아이는 성격이 진중해 허풍선이 기질을 찾으려야 찾을 수 없는데 작은아이는 좀 달랐다. 나에게 따리를 붙이며 엉너리로 얼마간 잇속을 취하려한다. 가령 책값이 만 원이면 만 3천원쯤 불러 돈을 받아가고, 교통카드 충전비용으로 만원을 주면 8천원어치만 충전하고 나머지는 제 주머니 속으로 후무리기 일쑤다. 나는 그런 걸 알면서도 모른 척 해준다. 용돈을 빠듯하게 주니 그런 데서라도 숨통을 틔게 해주려는 배려이기도 하지만, 훗날 성장과정을 반추할 때 그만한 얘깃거리는 있어야 할 것 같아서다.

내가 그런 시절을 겪어왔으면서도 결코 굴절되지 않은 시각으로 세상의 참과 거짓을 구별할 줄 알듯이 내 자식도 그러하리라는 믿음이 있기 때문이다.

서양에는 거짓말을 색깔별로 구분하는 모양이다. 하얀 거짓말과 빨간 거짓말인데 전자는 선의의 거짓말이고 후자는 악의적인 거짓말이라 한다.

작년 한 해, 우리 사회에는 학력을 위조한 유명 인사들의 새빨간 거짓말이 고구마 줄기처럼 얽혀 나와 뭇사람들의 지탄을 받았다.

거짓말이 자신의 사욕을 채우는 수단이 되어서도 안 되고 타인을 악의 구렁텅이로 빠뜨리는 도구가 되어서는 더 더욱 안 될 일이다. 그러나 거짓말이 인관관계를 원활하게 하는 윤활유가 될 수 있다면 '거짓말은 나쁘다.' 라는 등식은 유보해도 괜찮을 듯싶다.

내가 어머니께 수없이 했던 거짓말은 선의도 악의도 아닌 그 중간의 분홍 거짓말쯤 되겠지만 콜로디의 동화에서 내가 나무인형 피노키오였다면 어땠을까. 아마도 코를 몇 번이나 접어 묶어야 땅에 닿는 걸 겨우 면했을 거다.

철없던 시절에 어머니께 했던 거짓말이 미안해 질 때나, 어머니가 사무치게 그리운 날이면 나만의 어깃장을 부리는 방법으로 어머니께 닦달질을 하곤 한다.

'어머니도 제가 어렸을 적에 거짓말을 많이 하신 거, 저 다 알아요. 장에 갔다 오실 때마다 사탕쟁이 얼어 죽었더라, 과자쟁이 얼어 죽었더라고 하였잖아요. 주전부리 파는 장사치들은 왜 그리도 추위에 약해 죄다 얼어 죽었을까요? 그러니 어머니와 저의 거짓말을 서로 에끼는 겁니다. 아셨지요? 어머니!'

어머니를 향한 나의 독백은, 늘 이렇게 우격다짐으로 끝을 맺는다.

얼마 전, 어머니 기일에 우리 4남매가 한자리에 앉았다.

어머니를 추도하면서 저마다 어머니를 속였던 이야기로 웃음꽃을 피웠다. 예전 어머니도 지금의 나처럼 자식에게 알면서도 속아주셨을 게다.

“엄마, MT 가는 데 비용 좀 주세요.”

“엄마, membership training 비용도 주셔야 해요.”

훗날 내가 이 세상에 없을 때, 작은애도 나를 추도하며 이 말을 기억하리라. 우리 엄마 참으로 어수룩했다고 빙그레 웃고 있을 모습이 선하다.

에끼 이 녀석아, 흰구두나 백구두나, 동태나 북어나, MT나 멤버십 트레이닝이나, 알면서도 속아주는 게 엄마인 건 몰랐지! (2009년)

# 욕심

중국 전국시대 제나라 사람에게 장성한 딸이 있었는데 두 곳에서 혼담이 들어왔다. 동쪽에 사는 남자는 부자였지만 얼굴이 못 생겼고 서쪽에 사는 남자는 얼굴은 잘 생겼으니 아주 가난했다.

그 부모는 딸에게 말하기를 "네가 동쪽 사람에게 시집가고 싶으면 왼손을 들고 서쪽 사람에게 시집가고 싶으면 오른손을 들어라"고 말했다.

그러자 딸은 두 손을 다 들었다. 이것을 본 부모가 이상히 여겨 물었더니 "밥은 동쪽에 가 먹고 잠은 서쪽에 와 자면 되지 않아요?" 하였다. 그 혼담은 양쪽 다 깨지고 말았다

여기서 '동가식서가숙'이란 말이 나왔는데 이 고사를 들으면 누구나가 "뉘 집 처녀인지 욕심이 가당찮네."라고 혀를 끌끌 차지 않을까 모르겠다.

인간에게 욕심의 한계는 어디까지일까. 모든 불행의 원인이 욕심에서 진티가 난다 해도 크게 틀린 말은 아닐 것이다. 전래동화나 이솝우화에서도 욕심을 경계하는 이야기가 유난히 많다.

고깃덩어리를 물고 가던 개가 다리 위에 서서 물에 비친 개가 저 모습인 줄도 모르고 그것마저 빼앗으려고 컹컹 짓다가 입에 물고 있는 고기만 물속에 빠뜨렸다는 이야기.

황금알 낳는 거위를 기르는 부부가, 하루 한 알씩만 낳는 거위에게 불만이 들었다. 한꺼번에 많은 알을 차지하려고 거위의 배를 갈랐다가 거위만 죽이고 말았다는 이야기.

샘물을 한 바가지 마실 때마다 젊어진다는 신비한 샘이 있었다. 한 노인이 찾아가 너무 많이 마셔서 갓난아이가 되었다는 이야기.

어떤 절 샘에서 물 대신 쌀이 나오기 시작했다. 쌀이 매일 한 홉씩만 나오자 감질나서 한 스님이 더 많은 쌀이 나오게 하려고 구멍을 크게 뚫었다. 그러자 쌀 대신 그전처럼 물만 나왔다는 이야기.

그 외에도 금도끼 은도끼 이야기, 혹부리영감 이야기 등 셀 수 없이 많다.

대개가 지나친 욕심을 부리다가 꿩도 매도 다 놓치고 더러는 돌이킬 수 없는 화를 당하기도 하는 교훈적인 내용이다.

무릇 사람이라면 저마다 얼마간의 욕심은 다 있게 마련이다. 그것이 재물욕이든, 권력욕이든, 명예욕이든.

욕심이 너무 많아 그로 인해 화를 부르는 사람이 있고 욕심을 잘

조절해서 화를 미연에 방지하는 사람이 있고 욕심의 양이 애초부터 턱없이 작아 무소유의 묘리를 터득한 사람도 개중에 없진 않다.

하지만 욕심을 절제하는 게 말처럼 쉬우랴. 오죽하면 바다 깊이는 재도 욕심의 깊이는 잴 수 없다고 하겠는가.

그렇다면 나는 욕심에 관해 얼마나 자유로운 사람일까. 내 욕심 주머니는 얼마만 할까. 돌이켜보니 실소를 금할 수 없다.

어렸을 때, 나는 꽤나 욕심을 부렸다. 부모님이 우리 형제들에게 먹을 것을 공평하게 나눠주면 나는 대번 골딱지를 내며 앵돌아앉아 버리곤 했다.

한 개라도 내 몫이 더 많아야지, 공평한 것조차 나는 수용하지 못했다. 볼에 드레드레 욕기를 쟁이고 살았으니 가히 놀부가 울고 갈 욕심이 아니었나 싶다.

나이는 거저먹는 게 아니듯 이비(理非)를 아는 나이가 되고, 불혹을 넘기고서야 나는 세속적인 욕심으로부터 많이 가벼워졌다. 사는 날까지 밥 굶을 일 없으면 됐지, 욕심으로 안달복달 할 일이 뭐있겠는가. 바윗덩어리 같던 욕심이 세월 속에 이리저리 마모되어 몽돌만 하다고 여길 때쯤이었다.

욕심은 만족을 모르는 불가사리이며 욕심은 고통을 부르는 나팔이라고 팔만대장경에도 있는 말인데, 나를 욕심의 시험에 들게 할 줄이야….

내 고향은 인동 장씨 집성촌이다. 마을 사람들은 가깝거나 멀거나 정도이지, 대부분 한 문중 일가붙이들이다. 십 수 년 전에 문중 땅에 큰 도로가 나는 바람에 보상금을 몇 십 억이나 받았던 모양이다. 그 돈으로 문중 재실(齋室)도 여러 채 새로 짓고 자손들을 위해 장학기금도 조성하고 연만한 어른들을 위해서는 노령복지기금도 만들었다.

흔전하게 이리저리 쓰다가 말이 많아지고 관리하기가 벅찼던지 얼마간의 기금만 떼어놓고 남자 자손들끼리 공평하게 나눠가졌다. 만 20세 이상 족보에 오른 남자들에게 3백만 원씩 일괄 지급되었다.

'자던 중도 떡 다섯 개라더니….'

남자라는 이유로 돈을 받자 딸들은 왜 안주느냐고 불만이 여기저기서 터져 나왔다. 어느 종중 딸네들처럼 소송을 벌이거나 싸워가면서까지 받아내려는 시도는 꿈도 꾸지 못할 일이었다. 딸은 출가하면 남의 가문 귀신이 되는 거라고 철석같이 믿는 분들을 상대로 누가 고양이 목에 방울을 달겠는가.

그러던 중에 문중 총무일을 보고 있는 동생이 내 귀가 번쩍 뜨이는 소식 하나를 전해줬다. 문중 자손들이 대학 입학 시, 1회 장학금을 지급해왔는데 외손도 포함시키자는 말이 나왔다. 친손은 무조건 지급하고 외손은 대학 수능 성적이 전국 5%안에 드는 인재에게만 주자는 조건이었다.

그 또한 불공평했지만 나로서는 마다할 이유가 없는 매력적인 조건이었다. 우리 큰아이가 그 조건을 능히 충족하고도 남을 성적이라서 나는 얼른 신청을 넣었다.

굿 구경 간 어미 기다리듯, 이제나저제나 장학금 줄 날만 기다렸는데 결국 외손은 안 주기로 했다는 통보를 받았다. 나쁜 선례를 남기면 곤란하다는 게 퇴짜 이유였다.

어린 시절 풍선을 불다가 터져버렸을 때 실망과 낭패스러움이랄까, 천불나는 속을 꾹꾹 안추르고 있는데 "네가 밥도 못 먹는 형편이더냐? 무슨 욕심이 그렇게도 많으냐!"는 오빠의 일갈이 날아들었다.

교육대학 등록금이래야 일반 사립대에 비하면 쥐꼬리만 한데 그것도 못주나, 외손에게 장학금 좀 주면 어떠랴. 나는 한참동안 앙앙지심으로 지냈다.

몇 해 전의 일인데도 나는 아직도 앵한 마음이 싹 가시질 않는다.

2011년 지구촌 뉴스의 꽃은 뭐니 뭐니 해도 세계 독재자들의 몰락이었다.

튀니지에서 시작된 민주화 운동은 아랍권을 강타하며 이집트, 예멘, 리비아 등 30년 이상씩 철권통치를 해온 독재자들을 시민의 손으로 권좌에서 끌어 내렸다. 추악한 권력욕에 사로잡혀 스스로 떠나야 할 때를 놓치고 미적대다가 종내는 쫓겨나거나 시민군이 쏜 총에 생을 마감하는 사태까지 이른 것이다. 독재자들의 공통점은 탐욕의 종합선물세트라는 점이다.

인생을 살면서 아름다운 뒷모습을 보이기란 말처럼 쉽지만은 않은 일이다. '떠나야 할 때를 넘겨 머물기보다, 남들이 머물러 달라할 때 떠나겠다.'고 영국의 존 메이저 전 총리는 멋진 귀거래사를 남기고 퇴장했다. 남아공의 넬슨 만델라 전 대통령도 박수 칠 때 떠난 인물이다.

나 같은 필부(匹婦)는 물때썰때가 따로 있는 것도 아니고 방판수 떡자루 쥐듯 움켜쥐어야 할 권력이 있는 것도 아니기에 아름다운 뒷모습을 보이지 않아도 되어 다행이라면 다행이다.

그렇더라도 욕심을 다스리는 일에는 정년이 따로 없다는 걸 문중 장학금 해프닝을 통해 새삼 깨달았다.

어렸을 때는 철이 없어 그랬다 치더라도, 살아오면서 욕심을 가벼이 한 덕분에 마음이 평온하다고 생각했는데 욕심이라는 놈이 그리 호락호락하지만은 않았다. 질기둥이처럼 언제고 마음속에 똬리를 틀려는 습성이 있어 끊임없이 닦아내는 일을 게을리 해서는 안 될 것 같다. 욕심을 닦는 일이 수신(修身)의 첫째 조건이 아니겠는가.

(2012년)

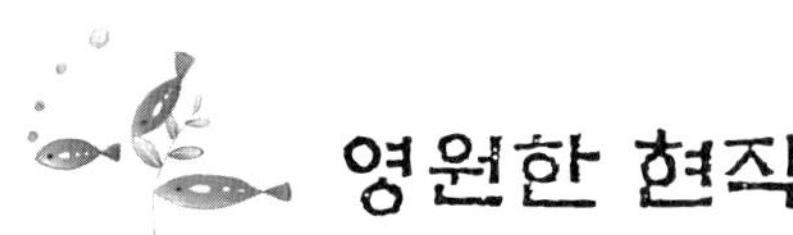

# 영원한 현직

현직과 전직의 차이를 들자면 실세와 비실세쯤으로 여기는 게 보편적인 생각이리라. 즉 현직이 권력을 가진 자라면 전직은 실권(失權)해서 끈 떨어진 망석중이같은 존재가 아닐까싶다. 물론 현직에서 자신의 의지대로 명예롭게 퇴임한 뒤의 전직이라면 얼마든지 보무당당하겠지만 말이다.

하지만 현실은 바람만 간절할 뿐 간대로 되는 것이 많지 않다. 염량세태라는 말이 방증하듯 살아있는 권력에 붙좇기 일쑤이고 전직은 아웃사이더로 내몰려 현직의 눈치를 보기 십상이다.

신문의 국제면은 안방에 앉아서도 지구촌 사정을 훤히 알게 해주어 나는 언제든 샅샅이 챙겨 읽는다. 사람 사는 일이 여기나 거기나 별반 다를 게 없고 전·현직간의 껄끄러움도 동서(東西)가 따로 없어 보인다.

영국의 캐머런 현 총리가 브라운 전 총리에게 견제구를 던져서 빈축을 사고 있는 기사를 보았다. 브라운 전 총리가 'IMF총재' 도전에 나선다고 하자 현 총리가 훼방꾼 노릇을 하며 체신사납게 구는 바람에 영국 신사는커녕 좁쌀뱅이 소리 들어도 할 말이 없게 되었다.

'(브라운이)과거 재무부 장관을 맡고 있을 때 우리나라(영국)의 심각한 부채도 인지하지 못했던 사람인데 세계의 재정난과 부채문제를 다루는 IMF 총재 자리가 가당한지 나로서는 의문이다'는 말추렴으로 브라운 전 총리의 출마의사에 찬물을 끼얹었다.

동남아시아 최빈국으로 꼽히는 방글라데시에서도 20년간 정치권력을 양분해온 전 · 현직 여성 총리 간 갈등으로 나라가 시끄럽다. 지나 전 총리가 옷가지만 겨우 걸친 채 살던 집에서 쫓겨났는데 현직 총리인 하시나의 정치보복용이라 한다. 두 총리간의 해묵은 갈등이 점점 도를 넘고 있다는 보도를 보니 어느 나라를 막론하고 전 · 현직 간의 정치보복은 막장드라마처럼 흔해빠졌다.

앞의 두 경우가 눈엣가시 같은 정적제거 차원이라면 다른 하나는 악습의 희생양으로 처절한 운명을 등에 지고 사는 전직(前職) 이야기이다.

네팔의 '쿠마리 소녀'가 그것이다.

쿠마리는 '살아있는 여신'이란 뜻이다. 나라마다 고유풍습이 있는데 남의 나라 풍습을 힐난하듯 왈가왈부하는 것은 안 될 일이지만 '쿠마리'는 아동학대와 인권침해의 풍습이라서 한번쯤은 된통 세인의 입방아에 시달려도 좋을 듯싶다.

네팔에서는 서넛 살가량의 여자아이 중에 집안, 건강, 외모, 담력 등 까다로운 조건을 거쳐 쿠마리를 간택한다. 쿠마리에 선정된 여자아이를 신전에 모셔놓고 호의호식을 시키며 여신으로 떠받든다. 어린 쿠마리에겐 국가 권력도 신성불가침이다. 하지만 쿠마리에게 주어진 권력이 그리 오래가지는 않는다. 쿠마리로 추대 될 때도 본인의 의도와 상관없이 되었고 물러날 때도 본인의 의도와는 상관없이 쫒겨나는 꼴이 된다. 초경이 시작되면 쿠마리는 그날로 날 샌 올빼미 신세로 전락해버린다. 살아있는 여신에서 한순간에 귀신붙은 여자, 재수없는 여자로 낙인찍혀 뭇사람들에게 멸시와 냉대를 받는다니 이런 아이로니컬한 졸지풍파가 어디에 또 있겠는가.

한때의 영화(榮華)는 일장춘몽이 되고 쿠마리 소녀 대부분은 사창가에서 밑바닥 삶을 살다가 쓸쓸히 늙어간다. 먼 옛날 슬픈 전설 같은 이야기가 21세기 네팔에서 자행되는 현재진행형 풍습이다.

방송 인터뷰에 어렵사리 응했던 전직 쿠마리 소녀 역시, 오갈데 없이 길거리를 전전하다 오빠네 가게에서 일을 도와주며 겨우 연명하는 처지였다. 본인이 선택할 수 있는 일이었다면 단연코 쿠마리가 되지 않았을 거라는 앳된 소녀의 눈망울이 처연해보였다. 소녀의 말대로 쿠마리가 되지 않았더라면 평범한 여고생으로 또래 나이에 마침맞는 행복을 누리며 살고 있을 텐데….

아무리 이방인이라도 자식 키우는 부모 입장이고 보니 쿠마리 소녀가 여간 애처롭지가 않았다.

인간사 다 득돌같이 정석대로만 굴러간다면 이변이라는 말은 있을 수 없겠지만 세상일은 늘 가변적이지 않는가. 그런 의미에서 보자면 현직 부럽지 않은 전직이 있다.

미국의 제 39대 대통령을 지낸 지미카터가 그 주인공이 아닐까 싶다. 오래전에 그의 저서 '나이 든다는 것의 미덕'을 읽은 적이 있다. 1981년 지미카터가 재선에 실패하고 대통령직에서 물러 날 때의 나이가 56세였다. 무엇을 시작하기에 너무 늦은 나이이고 아무것도 하지 않고 쉬기에는 너무 이른 나이였으니 카터는 동정과 우려의 시선을 동시에 받았다.

미국 역사상 가장 인기 없는 대통령이란 소리를 들으며 카터는 백악관을 떠났다. 실패한 대통령이 퇴임 후에 할 일이라곤 고향 조지아의 땅콩밭을 일구며 은둔하는 것 밖에 달리 할 게 없을 거라는 비아냥도 들었다. 그러나 카터는 은둔대신 모험을 택했다.

'분쟁이 있는 곳에 카터가 있다'는 말을 증명하듯 지구상에 벌어지는 중대사건마다 평화전도사를 자처하며 종횡무진 뛰어다녔다. 해비타트 운동(사랑의 집짓기)에도 참여하여 봉사와 나눔을 몸소 실천해 보였다.

카터 전 대통령은 세계평화와 인권운동에 기여한 공로로 풀브라이트상을 받았고, 퇴임 21년 만인 2002년에는 노벨평화상까지 안았다. 재임 때 가장 인기 없는 대통령에서 퇴임 후에는 가장 존경받는 대통령이 되었고 세계인들에겐 가장 성공한 은퇴자의 롤모델을 제시했다. 참 부러운 전직이다.

우리나라 대통령들은 전직이란 수식어를 다는 순간부터 왜 불행해지는 걸까.

권좌에 있을 때 무리하게 권력을 휘두르지 말아야 하고 수신제가(修身齊家)에 추상같아야 전직이 되었을 때 일신에 부침(浮沈)이 없다는 걸 필부인 나도 아는데….

국민의 한 사람으로서 불행한 전직 대통령은 이제 그만 봤으면 하는 바람이다. 한 술 더 뜨자면 우리나라도 지미 카터 같은 전직 대통령이 있었으면 좋겠다. 어느 자리에 있든 국가를 위해 참답게 봉사하는 원로의 힘이 바로 그런 게 아닐까.

언젠가 국어교사로 정년퇴임한 수필가 S선생님의 말씀이 생각난다.

전직 대통령, 전직 장관, 전직 사장, 전직 군수, 전직 교사, 수많은 전직이 있게 마련이지만 영원한 현직이 있다면 바로 작가라고 하셨다. 작가는 타계하여도 전직 시인, 전직 수필가가 아닌, 고 아무개 시인, 고 아무개 수필가로 명명(命名)되기 때문이다.

스스로를 문인이라 칭하기엔 까마득한 말석에 머물지만 그래도 영원한 현직으로 남고 싶은 마음은 굴뚝같다. 그러려면 영원한 현직에 걸맞은 작품을 남기는 게 더 우선이겠다. (2011년)

# 포항말이 어때서

고등학교 시절 문예반에서 함께 활동했던 선배들 중에 H언니가 가끔 생각난다. H언니는 서울말을 썼다. 투박하고 억세기가 머릿결로 치자면 쑥대강이 같은 포항말에 비해 H언니의 말씨는 참빗으로 가지런히 비다듬은 새아씨 머릿결 같은 말씨였다. H언니는 늘 혼자 앉아서 책을 읽고 시를 짓곤 했는데 나는 그런 언니 곁을 맴돌며 자주 말을 걸었다. 서울말을 조금이라도 더 들어보고 싶어서였을 것이다.

그런데 나중에 안 일이지만, H언니는 서울에 살았던 적도 가본 적도 없는 포항 본토박이라고 했다. 서울도 안 가봤는데 어떻게 서울 사람보다 서울말을 더 잘하는지 정말 신기할 따름이었다.

경상도 사투리에도 지역마다 악센트를 달리해서 약간씩 차이가 나는데 그 중에서도 포항말이 타지역보다 억센 강도가 한 수 위라고 할 수 있다. 그러기에 나긋나긋한 서울말을 따라하기란 결코 쉽지 않았을 것이다. 극과 극인 말투를 H언니는 혼자서 얼마나 다기지게 연습을 했으면 그렇게 능수능란할 수 있었을까. 억센 사투리 쓰는 것이 소녀적 감성으로 싫을 수도 있겠지만 포항사람이 그렇게 감쪽같이 서울말 쓰고 산다는 게 선뜻 이해가 되지 않았다. 그렇다고 누군가에게 피해주는 일이 아닌 이상, 비난할 바는 아니지만 어쩐지 양심을 속이며 사는 것처럼 보여 H언니가 신실해 보이지 않았다. 2학년 선배들 사이에서 H언니가 베돌았던 이유도 바로 거기에 있지 않았나 싶다.

1990년 겨울, 남편 직장 따라 서울로 왔으니 내 서울살이도 어느덧 20년이 넘었다. 강산이 두 번 바뀔 만큼의 세월이 지났지만 내 말은 여전히 포항본토인 말이다. 서울말에 좀 동화될 법도 하련만 나는 억지스럽게 서울말을 따라하고 싶지가 않다. 남의 옷을 빌려 입은 것처럼 어색하고 조심스럽다면 굳이 그럴 필요가 없지 않은가. 포항말은 아버지, 어머니께 배운 말이고 내 피붙이들과 함께 쓰고 있는 말인데 이보다 더 편하고 소중한 말이 어디에 있겠는가. 이런 고향말 고집 때문에 언젠가 나는 호된 곤욕을 치렀지만 그래도 달라진 건 아무것도 없으니 나도 엔간찮은 포항사람인가 보다.

우리 포항말이 투박한 건 차치하더라도 서울 사람들과 가끔 소통장애를 일으키고 그로 인해 애먼 소리를 듣는다는 게 나로서는 마음이 아플 뿐이다.

이태 전 일이다. 혈액순환이 원활하지 못해 곧잘 손발이 저렸다. 동네 한의원도 많지만 일부러 먼 거리에 있는 한의원을 찾았다. 그곳은 큰아이 중학교적 친구 혜영이 외삼촌이 원장으로 있는 병원이었다. 평소 절친하게 지내던 혜영이 엄마가 진료실까지 안내해주며 원장인 동생에게 잘 봐드려라는 부탁까지 넣고 나갔다. 그 덕분에 최상의 진료를 받는 것까지는 좋았는데 문제는 약을 먹고 나서였다. 한의원에서 약을 지어 주면서 감초가 빠진 약이라 먹기가 좀 버거울 거라고 귀띔해주었다. 과연 쓰기가 여태 먹었던 어떤 한약과는 비교가 안 될 정도로 쓰디썼다. 며칠 뒤 다시 진료실을 찾았을 때 의사가 먼저 물었다.

"약 드시기가 어땠어요?"

"씹아 죽을래디더."

내 대답에 갑자기 의사의 낯빛이 싸늘했다. 내가 진료실을 나오면서 건넨 인사도 건둥건둥 듣는 듯했다. 나는 나대로 의사의 태도가 의아스러웠다. 변덕이 죽끓듯하는 예닐곱 살 계집아이도 아니고, 봄바람같이 훈훈하더니 금세 왜 얼음장처럼 표변했을까 서운하기까지 했다.

집에 도착하자마자 혜영이 엄마에게서 전화가 왔다. 동생인 원장이 나를 아주 이상한 사람이라고 했단다. 철표엄마는 얌전하고 예의바른 사람이라고 했더니, 다짜고짜 상스런 욕을 해대는 사람이 예의

바른 사람이냐고 되묻더란다. 대체 무슨 일이 있었기에 동생에게 욕을 했느냐며 혜영이 엄마도 맹문을 모른 채 중간에서 어리둥절해 했다. 나는 그제야 왜 그런 사달이 났는지 짐작할 수 있었다.

'씹아 죽을래디더.'는 경상도 식의 말이고 서울말로 하자면 '(약이) 써서 죽겠더군요.'라는 표현인데 의사는 그 말을 'OO, 죽을래 너?'라고 알아들은 모양이었다. 오해는 풀렸지만 어찌나 죄송하고 민망하던지 망신살이 무지갯살 뻗치듯 해 쥐구멍이라도 찾고 싶었다.

아들 녀석들은 두 가지 말씨를 쓴다. 밖에서 또래들과는 서울말로 쓰고 집에서는 경상도 말을 쓴다. 큰아이는 어렸을 때 서울로 왔고 작은애는 서울에서 태어났지만, 말씨는 우리가 쓰는 대로 경상도 말에 더 익숙하다. 나는 가끔 아이들에게 시험문제처럼 경상도말 20문항을 만들어 알아맞혀보라고 한다. 20문항 중에 어떤 때는 전멸이고, 어떤 때는 서너 개 맞히는 게 고작이었는데 꾸준한 학습효과로 이제 웬만한 건 척척 맞히는 수준이 되었다. 아이들에게 왜 경상도사투리를 가르치느냐고 누군가 한소리를 한 적이 있다. TV드라마에서도 서울말을 쓰면 주로 지식인 계급이고 사투리를 쓰면 하찮은 집단이나 무지렁이쯤으로 나지리 여기는 경향이 없잖다. 하지만 나는 포항말을 가르쳐 주고 싶다. 그 말이 쓸모가 있든 없든, 조상의 뿌리를 아는 것처럼 부모가 조부모가 또 그 부모가 쭉 쓰던 말이기에 내 아이들도 반드시 알았으면 싶은 바람이다.

예전 학창시절 H선배는 포항말이 무에 그리 쪽팔려서 말씨를 환골탈태 하였을까 싶다. 경상도 말씨 때문에 오달지게 개코망신 당했지만, 그래도 나는 멈추지도 감추지도 않을 것이다. 나에게 경상도 말은, 그리움이고 사랑이고  고향이고 뿌리이기도 하다.

맥제(괜히), 도분나다(화가 나다)

아방신이다(쌤통이다), 째비다(꼬집다)

깝치다(재촉하다), 수의하다(의논하다)

오줄없다(분별없고 모자란 데가 있다)

선나꼽제기(눈곱만큼의 아주 작은 양)

비잡다(복잡하다), 전시만시(모두, 일체)

눈굴띠(왕눈이), 꼬심쟁이(구두쇠)

언서시럽다(끔찍할 정도로 귀찮다), 해깝다(가볍다)

꼬내기(고양이), 운짐달다(다급해지다)

동태(바퀴), 체보(우체부) 고디(다슬기),

서랍(빼달이), 파이다(나쁘다), 사분(비누)

이 말을 다 알아맞히는 사람과 갓 구운 모카빵에 따뜻한 헤즐럿 커피 한 잔을 나누고 싶다. (2010년)

# 지천명에 스포츠맨십을 배우다

벤쿠버 동계올림픽 때, 스피드스케이팅 남자 10,000m 시상식에서 여간해 보기 힘든 감동적인 장면을 보았다. 은메달의 러시아 선수와 동메달의 네덜란드 두 선수가 금메달을 딴 한국의 이승훈 선수에게 손가마를 태워 번쩍 들어 올려 주었다.

'당신이 챔피언이야!'라며 환하게 웃는 노장들에겐 여유와 관용이 넘쳤다.

승부세계는 냉정한 거라서 시상대에서조차 미묘한 신경전이 오간다는 말을 어느 선수가 했던 터라 그 광경이 더 훈훈하게 느껴졌는지 모른다.

'아, 저런 모습이 진정한 스포츠맨십일거야!' 지켜보는 우리 국민에게 더 없는 감동을 선물해주었다.

이방인 선수들의 빛나는 스포츠맨십은, 두고두고 흐뭇한 화젯거리였지만 몹시도 부끄러운 내 과거 행적을 되돌아보게 한 계기이기도 했다.

세상엔 스포츠맨십을 개 발싸개쯤으로 여기는 선수들은 얼마든지 있다.

1997년, 미국의 마이크 타이슨이 복싱경기 도중 상대 선수 귀를 물어뜯은 전대미문의 사건을 일으켰다. 핵주먹이란 닉네임이 핵이빨로 바뀌며 전 세계인의 지탄과 모다기욕이 쏟아졌다.

일본의 이치로 선수도 야구 천재라는 수식어가 무색할 만큼 매너는 꽝인 선수다. 2006년 제 1회 WBC대회에서 한국이 일본을 꺾고 마운드에 태극기를 꽂는 일이 있었다. 그 광경을 본 이치로는 콩튀듯 팥튀듯 얼굴을 붉히며 침까지 뱉었다. 그러고는 '향후 30년 동안 (한국이)일본을 넘볼 수 없도록 만들겠다.' 는 망언도 서슴지 않았다.

빙상계의 악동, 미국의 안톤 오노 비행은 말로 다 못한다. 오노에게 가장 잘 어울리는 수식어는 '반칙왕' 이다.

2002년 솔트레이크시티 동계올림픽 때, 쇼트트랙 남자 1500m 결승전에서 헐리우드 액션으로 우리 김동성 선수의 금메달을 가로챘다. 그는 경기마다 번번이 특유의 모션으로 상대에게 반칙을 일삼았다. 제 버릇 개 못 준다더니 2010년 벤쿠버 동계올림픽에까지 반칙을 유도하다가 제 꾀에 덜미가 잡혀 한국의 성시백에게 은메달을 내주는 수모를 당했다.

내로라하는 악동들처럼 스포츠맨십을 마구잡이로 짓밟은 건 아니지만 나 역시 스포츠맨십을 입에 올릴 자격이 없는 사람이다. 고백하건대 나는 꽤나 쥐코조리이다. 시합이나 내기나 승패가 따르는 곳에는 이악스러우리만치 승리근성을 가지고 있다. 내가 속한 팀이 이겨야 스포츠맨십도 유효한 거지, 상대팀이 이기는 데야 무슨 흥이 나서 박수례를 한단 말인가.

경기가 끝나고 승자와 패자가 서로 악수를 나눈다든가 포옹을 한다든가 패자가 승자의 팔을 번쩍 들어준다든가 하는 광경을 볼 때면 나는 쉬이 이해가 되지 않았다. 승자를 축하해 줄 수 있는 사람은 승리근성도 없이 에멜무지로 경기에 임했거나 아니면 속없는 무골호인이거나 둘 중에 하나라고 생각했다.

2002년 한 · 일 월드컵 때이다. 늘 집에서만 응원하다가 막판에 독일전이 열리던 날, 길거리 응원을 나갔다. 한번쯤 길거리 응원에 동참해보고 싶었다. 아무도 예상치 못했던 태극전사들의 승승장구는 온 국민을 월드컵 열기에 휩싸이게 했다. 독일을 꺾는다면 우리나라는 결승전으로 갈 수 있는 경기였으나 이미 체력이 고갈된 선수들에게 결승 티켓을 바라는 건 사실상 무리였다. 목이 터져라 응원하고 막상 1:0으로 패하고 보니 머리끝까지 화가 치밀어 올랐다. 집으로 돌아오는 길에 눈물이 났다.

남편이 왜 우느냐 물었을 때, 나는 달빛이 하도 교교(皎皎)해서 눈물이 난다고 둘러댔다. 그날이 보름밤이라 핑계대기엔 마침맞았다.

우리 태극전사들에게 줄줄이 무릎을 꿇고 보따리를 싼 이탈리아, 스페인, 포르투갈, 폴란드 등 우승후보로 거론되던 유럽의 강팀들이 축구변방이라 한없이 얕잡아 보던 한국에게 쫓겨 갔으니 구겨진 자존심이야 오죽했겠는가?

잘코사니! 원통하든 절통하든 그건 그들이 감내해야 할 몫이고 오직 우리팀 승리만이 내겐 관심사였다. 나의 이런 쫀쫀한, 아니 더티(dirty)한 스포츠맨십은 열일곱 소녀 때나 지천명에 다다른 지금이나 별반 다르지 않다.

요즘 애들에겐 생소한 이름이지만, 내가 청소년 시절엔 '4H클럽'이라는 게 있었다. 지.덕.노.체를 바탕으로 농촌청소년들의 생활개선을 목적으로 한 계몽 및 학습단체였다.

그 시절 방방곡곡 농촌 마을입구에는 네잎클로버의 4H 표지석이 서 있었다. 매년 광복절을 즈음해서 각 읍, 면 단위의 4H 청소년 배구대회가 성대히 열렸는데, 트로피와 우승상금까지 걸려 꽤나 매력적이었다. 우리 마을 4H팀도 승리욕을 불태우며 나름대로 준비를 많이 했다.

토너먼트 방식에서는 대진 운이 절대적인데 우리 팀은 애초 너무 강팀을 만나버렸다. 한 세트도 못 건지고 2:0으로 완패 당했다. 상대팀이 악수를 청해왔지만 우린 단호히 거절했다. 심판의 불공정 판정을 항의하다가 우리만 야발쟁이 취급을 받았다.

'비나 좍좍 쏟아져버렸으면 좋겠다. 배구대회 파투나게….'

심술궂은 속마음을 감춘 채 장구 깨진 무당마냥 터덜터덜 경기장을 걸어 나왔던 그날의 패배가 나는 지금도 잊히지 않는다. 상대와 어금지금한 경기를 펼치다 석패한 것도 아니면서 그냥 패했다는 이유만으로 화가 나서 견딜 수가 없었다.

스포츠맨십 규약 일곱 가지 중에 세 번째가 '화를 내지마라' 인데 천 사람이 천 소리하고 만 사람이 만 소리한들 이미 우리에게 스포츠맨십이란 말라비틀어진 그 무엇에도 지나지 않았다.

남편이 가끔 나를 지청구하는 게 있다. 나의 애바리 승리근성을 잘 아는 터라 그런 근성이 발동할 때마다 과속 방지턱처럼 떡하니 나를 가로 막는다.

"만약에 당신이 이겼을 때 상대방이 입을 석자나 빼물고 몽니를 부리면 당신 기분이 어떨 것 같아? 더도 말고 덜도 말고 역지사지로 생각해봐."

남편의 말은 군더더기 없는 옳은 말이다.

스포츠맨십이 반드시 스포츠 경기에 국한된 것만은 아닐 것이다.

함께 어우러져 사는 세상에서 원칙에 위배되고 규칙에 불복하는 것 또한 스포츠맨십 부재임에 틀림이 없다.

내 나이 지천명에 이르러서야 스포츠맨십을 제대로 배우고 실천하려니 무안쩍기만 하다. 그래도 배워야 할 일이라면, 지금부터라도 차근차근 배워 나가야겠다. 선인들의 말씀에 배우는 길은 끝이 없는 것이며, 무릇 사람은 일생을 통해 배워야 한다고 갈파하지 않았던가.

이젠 제대로 배울 것이다. (2010년)

## 그런다고 누가 상줘요

내가 등단한 문예지에서 교정도우미가 되어 달라는 부탁을 받았다. 내 친정인 문예지에 일손이 달린다는 걸 알고 나는 흔쾌히 수락했다. 막 등단한 신출내기가 제대로 할 수 있을까 두렵기도 했지만, 내 역량을 믿고 맡긴 분들의 기대에 부응하기 위해서 나는 국어대사전을 손에 놓지 않고 살았다. 일 년 반가량 교정도우미를 하면서 배우는 재미도 쏠쏠했고 보람도 컸지만 그때 겪었던 두 가지 일이 수년이 흘렀는데도 내 마음에서 쉬이 잊히지 않는다.

첫 번째는 어느 수필가의 작품에 내가 큰 결례를 한 게 그것이다. '아는 체'와 '알은체'라는 말은 비슷한 것 같아도 쓰임이 많이 다르다는 걸, 그땐 잘 몰랐다.

'땅거미가 지고 있는 동구 밖에서 나를 기다리는 어머니를 보자 내가 먼저 알은체 하며 달려갔다.'라는 작가의 글에서 나는 '알은체'를 빼내고 '아는 체'로 바꾸어 놓았다. 나중에 안 일이지만 선무당이 사람 잡은 꼴이 되어버렸다. 작가가 제대로 활용한 단어임에도 내가 틀렸다고 바꿔놨으니 말이다. 원래부터 알고 지내거나, 아주 친한 사이일 때는 '알은체'로 써야하고 잘 모르거나 전혀 알지 못하는 사이일 때는 '아는 체'가 맞는 활용이다. 즉 '일면식도 없는 사람이 나에게 아는 체하며 다가왔다.'로 써야 하는 것처럼,

자신의 원고가 실린 책을 받아봤을 때 그 작가는 잘못된 교정에 얼마나 속상해 하셨을까. 생각할수록 죄송스러워 진땀이 흐를 지경이었다.

두 번째는 어느 작가가 나에게 항의 메일을 보내온 것이 그것이다. 자신의 원고를, 교정보는 내가 임의로 고쳐놔서 기분이 몹시 나빴다는 내용이었다. 앞에서처럼 내가 잘못해서 그런 항의를 받았다면 백배사죄라도 할 일이지만, 어법에 틀린 문장을 제대로 지르잡아 줬는데 뭐가 문제인가 싶어 되레 황당할 뿐이었다. 그 작가의 작품 속 문장을 인용해보자면

'외할머니는 노환이 깊어질 대로 깊어져 결국 지난봄에 운명을 달리하였다.' 라는 문장이다. '운명을 달리하다'를 '유명을 달리하다'로 고쳐놓았더니 자기 작품을 훼손했다고 대거리하는 형국이었다. '운명하다'는 죽음의 표현이 맞지만 '운명을 달리하다'는 죽는다는 표현이 아닌 것이다. 메일이 두 차례 왔다 갔다 했는데도 그분은 목곧이가 엔간찮아 자신의 실수를 인정하려들지 않았다. 답답하고 서운했

지만 어쩔 수 없는 일이었다.

교정보는 일은 분명 보람 있는 일이긴 하다. 누군가의 옷에 밥풀이 묻었거나 검불이 묻었다고 가정하면 발견하는 즉시 떼어주어야 옳은 것이다. 옷에 밥풀떼기가 묻은 채로 버젓이 돌아다닌다면 그것이야말로 쪽팔리는 일이 아닌가.

등단한 작가라 해도 정확한 맞춤법에서 그리 자유롭지는 못할진대, 일반인들이 맞춤법에 어긋나는 말을 좀 쓰기로서니 그리 대수로울 것도 없는 일이다. 하지만 소위 공중파 방송국 프로에서 맞춤법에 어긋난 자막을 거리낌없이 내보낼 때는 저절로 눈살이 찌푸려진다.

주말은 방송국마다 예능프로 각축장이다. 방송사들은 연예인들을 떼거리로 불러내어 걸쭉한 입담을 유도한다. 거기엔 어김없이 자막을 띄워 상황을 부연설명 하는데 비표준어를 남발하고 맞춤법도 틀리기가 예사이다. 어느 방송, 어느 프로그램에서 실수를 하는지 눈에 띄면, 나는 공책에다 재빨리 적바림해둔다. 구성작가들이 조금만 주의를 기울이면 방지할 수 있을 터인데, 방송작가나 시청자나 맞춤법이 엉터리인데도 참으로 관대하게 넘기는 경향이 있다.

승부욕(X) 승리욕(O)
맞짱(X) 맞장(O)
끝짱(X) 끝장(O)
벤댕이(X) 밴댕이(O)

굴삭기(X) 굴착기(O)
눈꼽만큼도(X) 눈곱만큼도(O)
째째하다(X) 쩨쩨하다(O)
쭈꾸미(X) 주꾸미(O)

싸그리(X) 깡그리(O) 철썩같이(X) 철석같이(O)
사단(X). 사달(O) 안절부절하다(X) 안절부절못하다(O)

열거한 단어들이 자막에서 빈번하게 틀리는 단어들이다.

내가 수필을 배웠던 P선생님은 전직 고등학교 국어선생님이시다. P선생님께서는 사소한 대화에도 문법에 각별히 신경 쓰시는데 누구든지 잘못 활용하고 있는 말은 즉각 바로 잡아주려고 애를 쓰시는 분이다.

어느 날, P선생님께서 설렁탕집에서 겪은 에피소드를 우리에게 들려주셨다. 설렁탕을 주문했는데 양념장을 가져 오지 않았단다. P선생님은 종업원에게 정중하게

"아주머니, 여기 양념장 좀 갖다 주시겠습니까?"라고 했더니, 아주머니는 대뜸 "양념장이 뭐예요?"라고 되묻더란다.

"아, 그럼 다대기라고 하면 아시겠습니까?"

"진작 다대기라고 말씀하셔야죠. 왜 헷갈리게 양념장이라고 하세요?"

라며 아주머니는 선생님을 향해 한껏 샐기죽거리더라는 것이다. 다대기는 일본말에서 유래된 것이니, 양념장이라 하는 게 맞다고 말을 해주고 싶었지만 그냥 입 다물고 말았다고 하셨다. 설렁탕 먹으러 왔다가 봉변당할 분위기였기에.

나도 P선생님처럼 일상에서 잘못 쓰이고 있는 말을 볼 때면 거북

스러워 바로 잡아주고 싶은 마음에 늘 안달한다.

한번은 횟집에서 회를 주문하면서 차림표에 '모듬회'라고 쓰인걸 보고 '모둠회'가 맞습니다고 했더니 주인은 들은 척도 않고 얼마짜리 회를 주문할지에만 관심이 집중되어 있었다.

또 한번은, 'OO건강원'이라는 간판을 걸고 있는 집에 호박을 맡기러 갔을 때였다. 누렇게 잘 익은 호박과 생강을 넣고 즙을 내어 파우치 상태로 만들어먹으려고 갔더니 '호박을 다려 드립니다.' 라는 문구가 쓰여 있었다. '다린다고? 호박에 다림질이라도 하겠다는 건가?' 불편한 마음으로 "달여드립니다"로 고쳐 쓰라니까 주인의 말은 "그래도 다 알아먹습니다."라고 할 뿐 고칠 생각은 전혀 없어보였다.

얼마 전에는 시장에서 밤을 사니까 밤장수가 기계로 껍질을 깎아주겠다고 했다. 그러고 보니 가게 벽에다 '밤 깍가드립니다'로 써 놓았다. 역시 그냥 지나칠 수 없어 '깎아드립니다'로 고쳐 쓰라니까 밤장수는 대번 얼굴이 선지방구리 같이 변하더니 "됐시유. 싫으면 그냥 가세요. 밤을 까주겠다는데도 저 아줌마 딴 소리네!"라며 고까운 기색이 역력했다. 이런 경우 십중팔구는 성가시다는 표정을 짓거나 아니면 상관치 말라고 볼멘소리를 하기 일쑤이다. 나의 순수한 의욕이 왜곡되어 번번이 무안만 당하다보니 개구리 낯짝에 물 붓기 격으로 이젠 오기가 생긴다. 우리말 바로 쓰기를 권하는 게 수모를 겪을 일인가. 답답한 노릇이다.

어떤 이는 나에게 대놓고 말한다.

“그런다고 누가 상줘요? 왜 그렇게 피곤하게 살려고 하세요. 둥글둥글하게 살면 편할 텐데….”라며 모난 성격 탓인 양 이죽대기까지 한다. 하지만 두루춘풍으로 사는 사람이든 강파르게 안타깨비로 사는 사람이든 이건 성격상의 문제가 아니다. 작가라면 마땅히 우리말을 함부로 다루는 사람들에게 따끔령을 내리고 바른 쓰임새의 본을 보여주어야 한다. 그것이 작가로서 최소한의 의무이자 책임이라고 믿기 때문이다.

언젠가 남편과 TV를 보는데 ‘바른말 고운말’ 시간에 표준말을 가르쳐 주었다. ‘걸리적거리다’는 틀린 말이고 ‘거치적거리다’가 표준말이라고 하니 남편은 아나운서를 향해 버럭 화를 냈다. 대개의 사람들이 자장면이 아닌 짜장면에 더 익숙한 것처럼 ‘걸리적거리다’로 쓰지, 누가 ‘거치적거리다’로 쓰냐며 일반적으로 많이 통용되는 말이 표준어로 인정받아야 한다는 게 남편의 생각이었다. 그 보편적인 바람을 가상하게 여겨서일까만, 2011년 8월 30일자로 ‘짜장면’과 ‘걸리적거리다’가 정식 표준어가 되었다. 참 다행한 일이다.

남편에게 제일 먼저 알려줘야겠다. (2011년)

# 내 별명 코쟁이

1층 엘리베이터 앞에서 코를 훌쩍거리는 꼬맹이를 쳐다보다 혼자 싱그레 웃고 말았다. 대여섯 살 남짓한 사내아이의 코에서 숨을 내쉴 때 누런 코 두 줄기가 내려왔다 들이마실 때는 감쪽같이 사라져 버렸다. 들숨날숨에 콧물이 마치 숨바꼭질하는 것처럼 보였다.

'감기가 들었나보다' 생각하며 꼬맹이와 함께 엘리베이터를 탔다. 비록 짧은 순간이었지만 그 아이의 누런 콧물 두 줄기는 불현듯 어린 시절 내 별명을 떠올리게 했다. 요즘엔 코감기 걸린 게 아니라면 딱히 코흘리는 아이들을 찾기가 쉽지 않지만 우리가 자라던 60~70년대 아이들은 대부분 코를 흘렸었다. 어릴 적 내 별명은 '코쟁이'였다. 흔히 코쟁이라 하면 코가 큰 서양 사람들을 비하하는 말로 쓰이지만 내가 들었던 코쟁이는 코흘리개를 가리키는 표현이었다.

초등학교 입학하는 날, 복장은 제각기 달라도 왼쪽가슴에 콧수건

한 장씩 다는 것은 거의 획일적이었다. 입학한 뒤 한 달쯤 지나면 서서히 콧수건이 가슴에서 떨어져 나가는데 문제는 이때부터였다. 손수건 대신 소매 끝으로 코를 훔치다 보니 소매끝은 언제나 반질반질했다. 부끄러운 고백이지만 나는 여느 아이들보다 코를 더 많이, 더 오래 흘렸었다.

오죽했으면 동네 어른들이 "재는 이다음에 시집가면 제 신랑이 코 닦여주다가 세월 다 보내겠다."는 말까지 하셨을까.

초등학교 4학년 때 담임선생님은 점심 도시락을 잡수시다 자주 밥을 남겼다. 남긴 밥을, 먹고 싶어하는 아이들에게 나눠주는 것까지는 좋았는데 꼭 한마디씩 도시락 남기는 변(辯)을 늘어놓으셨다.

"에끼, 이 녀석! 코가 더러워 밥을 못 먹겠네."라며 나를 향해 모호한 웃음을 지어 무안하게 만들곤 하셨다. 지금 생각하면 선생님이 밥을 남긴 이유는 내 코 때문이 아니라는 생각이 든다. 그때 선생님의 도시락 크기가 좀 과장하면 타블로이드판 신문 크기 만한 노란 양은 도시락이었는데 씨름선수쯤이나 되어야 다 비울 만큼의 양이었다. 먹다먹다 퇴낸 것일 뿐인데 밥 남기는 것을 언제나 내 코 탓으로 돌리는 선생님이 어린 마음에도 적이 원망스러웠다.

내 코흘리개 이력은 중학교 때까지 이어졌다. 중1 종업식 하던 날, 2학년 교과서를 배부했다. 내 차례가 되어 책을 받으러 나갔다가 나는 담임선생님께 코싸쥐고 말았다. 중학생이 아직도 코를 흘려서 쓰냐며 코를 닦고 오기 전에는 책을 주지 않겠다고 하셨다. 하는 수 없이 수돗가로 달려가 코를 팽 풀고 깨끗이 씻은 뒤 교실로 왔을 땐 이미 교과서 배부는 끝이 나버렸다.

아뿔싸! 책이 모자라다니…. 책 권수가 부족해 뒷자리에 앉은 애들 몇 명과 나는 책을 받지 못했다. 책을 못 받아 속상한 것보다 불난 집에 부채질하듯 코 닦으러 갔다 책을 못 받았다고 농지거리 삼는 친구들에게 부아가 났다. 그 뒤로는 더 이상 코 흘린 기억이 나지 않는 걸로 보아 내 코흘리개 필름은 거기서 끊겨 버린 것 같다.

며칠 뒤, 엘리베이터 앞에서 그 꼬맹이를 다시 만났다. 코밑이 말끔한 걸로 보아 감기가 다 나은 모양이었다.

"너 이제 코 안 흘리니?"라고 물으니 아이는 대답대신 말똥말똥 쳐다보며 코 밑을 문질렀다.

입학식장에서 손수건을 가슴에 달았던 광경은 이제 영상기록 '그때를 아십니까?'라는 흑백필름에나 남아있을 법하다. 그때 친구들은 왜 그리도 코를 많이 흘렸을까. 코흘리개 내 친구들은 지금쯤 어디에서 무얼 하며 살아가고 있을까. 다시 돌아갈 수 없는 세월 저편의 아련한 향수에 잠시 눈시울이 뜨거워졌다.

부엌에서 가끔 내가 허밍으로 부르는 현숙의 '오빠는 잘 있단다' 마지막 소절에다 나를 슬며시 끌어넣어 보았다. 어디엔가 살고 있을 내 코흘리개 친구들에게 나직이 안부를 전하고 싶은 날이다.

'……코쟁이는 잘 있단다.'라고. (2008년)

# 2. 자반고등어

# 옛날 풍경

집 가까운 곳에 추어탕 집이 신장개업 했길래 저녁을 먹으러 갔다. 식당 안에 들어서자 연배가 들쑥날쑥한 무리의 여자들이 여러 개의 테이블을 차지하고 있었다. 왁자지껄한 분위기에 꽤 큰 액수의 돈이 오가는 것을 보아 여자들은 계모임을 하는 중이었다.

그들이 계모임을 하든 말든, 나에겐 남의 사돈 가거나 말거나가 아닌가. 그럼에도 내 시선은 자꾸만 그 여자들을 힐끔거리고 있었다. 마치 섶을 지고 불구덩이로 뛰어드는 것처럼 걱정스럽고 위험천만해 보였으니….

이 삭막한 도시에서 저들은 뭘 믿고, 누굴 믿고 낙찰계를 하고 있는 걸까? 추어탕을 먹는 내내 그들에게 저절로 곁눈질이 갔다. 남편은 되레 나에게 그만 쳐다보라고 눈짓을 주었다.

뉴스에서나 시사 다큐프로에서 낙찰계의 폐해를 워낙 많이 봤기에 그런 기우가 앞서지 않았나 싶다. 낙찰계 특성상 계주가 도망가면 십중팔구 계는 깨지게 마련이고 낙찰 순번을 기다리던 사람만 고스란히 낭패를 보는 양상이다. 계가 깨지면 구렁이 알 같은 돈을 날린 사람들은 망연자실할 테고, 초상집을 방불케 하며 울고불고 할 사람들 또한 한둘인가.

내 근심어린 눈빛과는 아랑곳없이 식당 안에는 화기애애하게 여자들의 간간대소가 끊이질 않았다.

'아, 내가 아는 곗날의 풍경도 저런 그림이었지!' 내 고향 어머니들 모습이 떠올랐다. 한 분 한 분 고인이 되면서 계모임은 오래전에 끝났지만 나는 아직도 그 곗날 풍경이 잊히지 않는다.

집성촌인 한 마을에서는 모두가 형님, 동서, 질부뻘이라 비슷한 터수에 계모임하기는 안성맞춤인 조건이었다. 시골에서는 낙찰계지만 계주가 따로 있는 건 아니었다. 계원 모두가 계주이기도 했다. 다만 계수에 밝은 젊은 사람이 총무일을 보는 게 전부다. 즉석에서 곗돈을 거둬 매조지를 한 뒤, 낙찰자에게 건네주는 역할만 할 뿐이다.

계원 모두가 곗돈을 타게 되면 식물의 한 살이가 끝나는 것처럼 계는 끝이 나는데, 그 다음 달에 새로이 계를 결성하니 시골에서는 매달 곗달이 아닌 달이 없었다.

도시에서는 계주가 무조건 낙찰 순번 1번을 갖는다고 한다. 그러고는 제비를 뽑아 순번을 정하는 걸로 보아 되도록 앞 번호 낙찰받기를 원하는 모양이다. 그도 그럴 것이 혹여 있을 뒤탈을 염려해 일단은

곗돈을 타고 봐야 안심이라는 의식이 팽배한 까닭이리라.

하지만 시골 낙찰계에서는 결코 앞 번호를 선호하지 않았다. 형편이 딱한 사람이나 급전을 필요로 할 때만 앞 번호를 이용했다. 가령 백만 원짜리 계라면 제일 먼저 낙찰받는 사람은 백만 원을 다 가져가지 못한다. (이자에 해당하는) 5만원 써낸 사람과 4만원 써낸 사람이 곗돈을 타려면 더 높은 금액을 쓴 사람이 낙찰 받게 되고 낙찰자는 자신이 써 낸 5만원을 떼고 95만원만 가져가게 된다. 그 5만원은 따로 떼어 뒀다가 매달 낙찰금액에 보태진다. 그러니 뒤쪽으로 갈수록 낙찰금액이 많아지고 맨 끝번에는 원금 백만 원보다 20~30만원 더 받는 구조가 되는데 이때부터는 서로 계를 타지 않으려는 진풍경이 벌어지기도 한다.

곗돈을 타면 어머니들은 그 돈으로 자식들 등록금을 대고 또 결혼자금에 보태고 따비밭 한 뙈기씩 늘리는데 쓰기도 했다. 계는 이렇게 푼돈으로 목돈을 거머쥘 수 있는 정기적금 같은 것이고 저렴하게 대출을 받는 효과를 동시에 낼 수 있는 상호부조 성격인 셈이다.

얼마 전, 신문에서 참으로 귀여운(?) 계 하나가 눈에 띄었다. 세상에서 가장 소박한 계로 이른바 '초코파이 계'였다.

개성공단에서 일하는 북한 근로자들이 간식으로 나눠준 초코파이를 먹지 않고 집에 있는 아이들 주려고 가져간다는 것이다.

그래서 생겨난 게 초코파이 계인데 하루씩 순번을 정해 한사람에게 몰아주는 방식이었다. 우리에게 너무나 평범한 초코파이가 북한 근로자들에게는 '계'라는 이름으로 기다림이고 설렘이고 행복이라니 귀엽기도 하지만 한편으로는 안쓰럽기도 했다.

불확실하고 가변성 많은 세상에 살수록 사람들은 신뢰에 목말라한다. 목돈이 오가는 낙찰계는 첫째도 둘째도 신뢰를 바탕으로 하는 것이지, 동아리의 친목모임처럼 정으로 하는 게 아니다. 의붓자식 소 팔러 보낸 것같이 찜찜한 계는 애당초 안 하는 게 상책이리라. 신뢰와 인정(人情), 두 마리 토끼를 다 잡을 수 없다면 나는 주저 없이 은행에 정기적금을 선택하겠노라고 중얼거렸다. 또박또박 횟수가 찍혀 나오는 통장은 건조할망정 신뢰만은 100%이지 않는가.

추어탕 집을 나올 때, 여자들 사이엔 몇 순배의 잔이 돌고 있었다. 계가 반드시 성공하리라는 보장도 없지만 무턱대고 실패할거라는 기우는 더 더욱 가당치 않을지도 모른다. 그렇더라도 계모임 여자들을 향한 내 눈총은 낫낫해지지가 않으니 오지랖도 이만하면 국보급(?)이다.

순박한 사람들이 모여 유절쾌절하며 형님요! 아지매요! 하는 계모임이 아직도 어디엔가 있을까. 곗돈을 쥔 사람이 자리를 뜨고 나면 이내 윷놀이 판이 벌어지고 얼싸절싸하던 그 유정한 곗날 풍경을 이제 어디서 구경하랴.

계의 부작용만 걱정하는 내가, 곗날 풍경이 그립다면 아이러니일까? 그리운 걸 그리워하는 데야 무슨 염치가 필요하려고! (2011년)

# 귀여운 도둑

시집간 딸이 친정에 와서 이것저것 챙겨가는 걸 일러 '귀여운 도둑'이라고 한다. 친정엄마 마음이야 하나라도 더 챙겨주고 싶고, 또 챙겨가길 바라는 게 아닐까.

'저렇게 챙겨가면 저들 살림에 조금이라도 보탬이 되겠지' 하는 그 믿음 하나로 말이다.

친정과 뒷간은 멀수록 좋다는 말은 호랑이 담배 먹을 적 이야기가 돼 버렸다. 나도 결혼하고 일 년 반 가량 친정 가까이 살았는데, 돌이켜보면 그때만큼 꽃시절도 없었던 것 같다. 남편이 출근하고 나면 나는 장바구니를 들고 한 시간 남짓한 거리에 있는 친정으로 아주 출근 도장을 찍을 정도로 다녔다. 어머니가 가꿔놓은 텃밭에서 채소를 뽑고 따고 베어서 바구니가 묵직하도록 들고 오곤 했다.

농작물은 그렇다 치더라도 어머니 살림 중에 구년묵이가 아닌 새뜻한 것이 내 눈에 띌라치면 이내 눈독을 들였다. 세라믹 냄비, 컵, 비눗갑, 주전자, 프라이팬, 심지어 회갑집에서 얻어다 놓은 기념타올까지 보는 족족 내가 차지하고 말았다. 어느 날 친정에 들렀을 때, 내 레이더망에 꽃무늬 카펫이 걸려들었다. 우리 집에다 옮겨놔야겠다는 생각이 들자마자 나는 쇠뿔을 단김에 빼버렸다.

생전에 어머니는 관절염으로 고생하셨는데 늦여름에서 초가을까지 난방하기 전 방바닥에 냉기를 가시게 하려고 장만한 카펫이었다. 그마저도 홀랑 걷어왔으니 나는 이미 귀여움을 지나쳐 야마리 없는 도둑이었다. 그럼에도 어머니는 기껍게 카펫을 내놓으셨다. 나는 어쩌자고 어머니 살림을 낭중취물 여기듯 했던 걸까.

맏딸인 언니는 하나라도 친정에 갖다 나르려고 애썼는데 막내딸인 나는 하나라도 더 빼내오려고만 안달을 부렸다.

귀퉁이가 너덜너덜해진 카펫을 버리지 못한 채 20년이 훨씬 넘은 지금도 우리 집 거실바닥을 지키고 있다. 내 철없음에 회한이 밀려올수록 나는 더 오래 오래 카펫을 쓰려고 한다. 그것이 어머니께 조금이라도 면구스러움을 갚는 길이라고 생각하기 때문이다.

자식의 첫 발령을 지켜보는 것만큼 부모로서 흐뭇함이 없다는 걸 큰아이가 알게 해 주었다. 그 어떤 선물이 이처럼 달콤하고 뿌듯할까. 경상도식 표현대로라면 기분이 째질듯 했다. 큰아이가 이천시 한내초등학교 교사로 첫 발령을 받던 날이 바로 그날이다. 학교에서 걸어다닐 만한 거리에 원룸을 얻어놓고 남편과 나는 대형마트에 가서 아이가 쓸 살림을 장만했다. 석 자 베를 짜더라도 베틀 벌이기는 매일반인지라 혼자 살림이 아무리 홑지다 해도 있을 건 다 있어야 했다. 집에서 나누고 덜어서 가져간 살림과 새로 구입한 것을 합치니 금세 한살림이었다.

“생필품이 떨어지면 집에 것을 가져다 써야겠어요.”라고 말하는 큰아이를 보니 피식 웃음이 났다.

‘박봉에 생필품까지 사서 쓰게 할 순 없지, 달라고 하기 전에 지딱지딱 챙겨줘야지.’ 이미 그런 생각을 하고 있었는데 아들아이의 말이 여간 귀엽게 들리는 게 아니었다. 어머니 살림에 따깜질을 일삼던 나였기에 이제 아들애가 그 역할을 내림하길 내심 바랐는지도 모른다.

‘나에게 딸이 있다면 그 귀여운 도둑에게 나는 뭐든지 앗길 각오가 되어 있는데…. 예전에 친정어머니가 그랬던 것처럼 나도 달라는 것 다 기껍게 내줄 수 있는데….’

딸이 없음에 이래저래 아쉽다. 남편과 나는 자식들에게 한 밑천 뚝 떼 줄 여력이 없는 건 분명한 사실이다. 설령 형편이 된다 해도 남편은 그 부분만큼은 완고하다. ‘살림은 제 힘으로 일궈야 한다.’는 것을 철칙으로 여긴다.

언젠가 뉴스에서 홍콩배우 성룡이 사후, 자신의 전 재산(4천억 원대)을 사회 환원 한다고 해서 화제가 되었다. 그의 통 큰 기부를 하나뿐인 아들은 어떻게 받아들일까.

"(자식에게) 엄청난 재산을 물려줘도 지킬 능력이 없으면 금세 다 새어 나가 버릴 테고, 제 능력이 있으면 재산을 물려주지 않아도 능히 제 힘으로 살아나갈 수 있지 않겠느냐."라고 성룡은 기부의 변(辯)을 밝혔다.

내 아이들은 부자 부모를 두지 않아 애당초 그런 욕심도 허탈함도 가질 필요가 없지만 그래도 나에겐 티끌만한 바람 하나가 있다. 아들 녀석들이 더러는 나에게 귀여운 도둑이 되어 주기를 바라는 거다.

내가 감당할 수 있고 감당해주고 싶은 만큼의 여력으로 아이들과 행복을 윈윈(win-win) 하고 싶다. 이런 어미 마음을 아들 녀석들은 알까.

한 정치인의 역설적인 세태풍자가 크게 유행한 적이 있다.

'OO해서 살림살이 좀 나아지셨습니까?' 라고 누군가 나에게 그렇게 묻는다면 이렇게 말하리라.

"친정 살림 좀도둑질해서 살림살이에 한결 보탬이 됐습니다!"

그건 사실이다. 어머니께 죄스러움으로 기어드는 목소리일 테지만. (2011년)

# 어머니에게 쓰는 참회록

무거운 짐을 들고 버스에 오른 노인이 허위허위 내 앞으로 걸어왔다. 나는 얼른 일어나 노인에게 자리를 내드렸다. 70대 초반쯤의 노인을 보는 순간 내 어머니와 외면이 많이 닮았다는 느낌이 들었다.

어머니가 영면에 드신 게 칠십 초반이었으니, 더욱 그런 느낌이 와 닿았는지도 모른다.

생면부지 한 분이었지만 내 어머니와 닮았다는 이유 하나만으로 나는 노인에게 계속 눈길을 두고 있었다. 어머니인 양, 손이라도 한 번 덥석 잡아보고 싶은 내 마음을 알 리가 없는 노인은 나에게 눈길 한번 주지 않은 채, 줄곧 창밖만 물끄러미 쳐다보고 있었다.

지나침은 모자람만 못하다고 했던가. 생전에 어머니의 자정(子情)은 참 유별나셨다.

사춘기 시절엔 그런 어머니가 부담스러웠던 적이 한두 번이 아니었다. 아니, 좀 더 정직하자면 나는 얼마쯤은 어머니를 창피스러워 했다.

조그만 시골마을에서는 누군가 무엇을 하면 남 뒤질세라 줄줄이 '따라하기' 열풍이 불곤 했다. 가령, 누구네 집에 전기밥솥을 사면 집집마다 따라서 샀고, 다리미를 사면 온 동네 다리미 사는 게 유행이었다. 장사도 순전히 그런 바람에서 비롯되었다.

누군가 텃밭에 푸성귀를 뜯어다 팔아 재미를 좀 봤다고 하니 동네 어머니들이 너도나도 장사꾼으로 나서기 시작했다. 물론 내 어머니도 예외없이 그 대열에 합류하셨다.

채마밭에서 솎은 상추, 쑥갓, 오이, 호박, 아욱 등 돈이 되는 거라면 가리지 않고 시장에 내다팔았다. 그렇게 번 돈은 가용에 보태고, 자식들 학비며 책값에 차지게 쓰였다.

어머니들은 무거운 광주리를 머리에 이고 추레한 입성도 개의치 않은 채, 오직 돈 만지는 재미로 시장 골목에다 좌판을 차리셨다.

여고 1학년 때이다. 방과 후 학교 앞에서 차를 기다리는데, 나를 부르는 어머니의 커다란 목소리가 들렸다. 죽도시장에 가셨다가 버스를 타고 오는 길에, 정류장에 서 있던 나를 보신 것이다. 창밖으로 목을 빼고 애타게 불러대는 어머니의 목소리를 나는 못 본 척, 못 들은 척 외면하고 말았다.

'나루끝 정류장'은 우리학교 뿐만 아니라 포항시내의 남자학교가 밀집해 있어 늘 학생들로 북새질을 치는 곳이다.

버스가 출발하려고하자 급기야 어머니는 비속어를 쏟아내셨다.

"조놈의 지집애가 날이 저무는데 차를 보고 타지도 않네, 배때기 고파서 우짤라고!"

어머니는 우리 딸 태워가야 한다며 발을 동동 구르셨지만 버스는 안내양의 '오라이!' 구령이 떨어지자 휑하니 사라져갔다.

딸의 무거운 책가방을 얼른 받아주고, 당신의 스웨터를 벗어 교복 위에 덧입히려는 그런 자정보다는 멀찌가니 서서 그냥 바라만보고 나를 알은체 하지 않는 어머니이기를, 나는 더 바랐다.

남학생들이 바글바글한 버스정류장에서 차창 밖으로 목을 빼고 나를 불러댈 때마다 어머니가 못마땅하고 야속했다. 그것 때문에 어머니와 여러 번 승강이를 했지만 막상 딸을 보는 순간, 어머니는 그런 갈등을 깡그리 잊은 채 애자지정(愛子之情)이 먼저 발동하시곤 했다.

이제 내가 그때의 어머니 나이보다 더 많은 나이가 되었다.

그때는 왜 그리도 철이 없었을까, 무에 그리 체면 세울 일이 많다고 어머니가 창피했을까. 어머니는 나를 데리고 다니면서 "우리 딸내미가 포항여고 다녀요." 라고 자랑을 숱하게 하셨는데….

어머니와의 추억 갈피마다 때늦은 후회가 삭풍처럼 휑한 가슴을 할퀴고 지나가는 이즈음이다.

약국에서 벌어진 일도 그런 뼈저린 후회 중의 하나다.

내가 고등학교 입학을 앞둔 무렵의 어느 날이었다. 어머니와 시내

양장점에서 교복을 맞추고 오는 길이었다.

버스를 기다리다가 갑자기 생각난 듯 약을 사야 한다며 어머니는 약국에 들르셨다. 약국에는 우리 말고도 손님이 몇 더 있었는데, 어머니는 약사에게 다짜고짜로

"각시통 하나 주세요."라고 하셨다.

약사는 고개를 갸우뚱하며 각시통이 뭐냐고 되물었다.

약 이름이 생각 안 나신 어머니는 약 뚜껑에 각시가 그려져 있으니 막무가내로 그 약을 달라는 거였다.

그때 내 머리를 퍼뜩 스쳐가는 게 있었다. 바로 안티프라민 연고를 말씀하시는 거였다. 예전에 유한양행에서 판매되던 안티프라민 연고 뚜껑에는 간호사 얼굴이 그려져 있었다.

각시통은 안티프라민 연고를 이르는 거라고, 내가 약사에게 말했을 때 약사는 물론, 약국에 있던 손님들까지 배를 잡고 웃었다. 말 그대로 포복절도였다.

어찌나 창피하던지 나는 화로를 뒤집어 쓴 듯 얼굴이 화끈거렸다. 연고를 사서 나온 어머니는 생뚱맞은 약 이름을 댄 당신의 실수보다 약사가 얼른 알아차리지 못한 실수를 두고 되레 뒤웅스러운 사람으로 몰았다.

엄마 때문에 내가 쪽팔려서 못살겠다며 나는 몇날 며칠을 어머니가 말도 못 붙이게 냉갈령을 부렸다. 그 일은 두고두고 어머니께 상처가 되었음을 나는 모르지 않는다.

화요일 저녁마다 우리가족은 '러브 인 아시아'라는 TV 프로를 즐겨본다

동남아 지역에서 한국으로 시집 와 뿌리를 내리고 사는 모범적인 다문화가정 이야기를 소개해준다. 그 답례로 방송사는 이방인 새댁들이 만만찮은 비용 때문에 수년 동안 엄두도 못낸 친정나들이 비용을 협찬해주니 참 고맙고 착한 프로그램이 아닌가싶다.

말이 동남아이지, 그녀들이 살다 온 친정은 대개가 오지 중의 오지였다. 비행기 타고도 또 산 넘고 물 건너 꼬박 30시간 이상 걸려 찾아간 친정에는 그래도 눈물로 해후상봉할 부모님이 계시니 얼마나 축복인가, 나는 그 광경이 부럽기만 하다.

언어와 피부색, 풍습은 달라도 눈물로 자식을 맞는 애끓는 모정만큼은 가감없는 인지상정이리라. 아무리 힘든 여정이고 긴 시간을 소요해도 찾아갈 부모님이 계신다는 사실이, 친정 온 딸에게 온갖 맛있는 음식을 만들어 줄 어머니가 어느 하늘아래 살아계신다는 그 사실이 나를 한없이 부럽게 만드는 것이다.

나도 어머니를 만날 수 있는 곳이라면, 서천 서역국으로 약수 구하러 가는 바리데기공주의 고생보다 더한 고생을 치르더라도, 지구 몇 바퀴를 돌아서 가는 험난한 여정이라도 주저없이 한달음에 달려가고 말 텐데….

2km 넘는 신작로 정류장까지 비오는 날엔 우산을 가지고 와 계시고 추운 날엔 담요를 들고 서 있던 어머니는 어디에 계시는 걸까, 내

가 열이 나면 한밤중에도 우사인볼트보다 더 잰걸음으로 산길을 걸어 읍내 약국에서 해열제를 구해오시던 내 어머니는 정녕 어디에 계시는 걸까.

옷 뜨듯하게 입으라고, 밥 푹푹 많이 먹으라고, 공부 그만하고 잠 좀 자라고, 천 번 만 번 더 들어서 아주 귀에 딱지가 앉았던 어머니의 그 잔소리를 바람결에라도 한번 들어봤으면 좋으련만.

버스에서 내리니 어느새 12월의 설핏한 햇살이 서쪽과 마주한 아파트 꼭대기 층 유리창에 간신히 매달려 있다. 해질녘, 긴 그림자 속에 갇힌 그리움을 따라 발맘발맘 걷다보니 유년의 집 사립문 앞에 마음이 먼저 달려가 서성이고 있다. "엄마, 되게 미안해요!"라고 하면서. (2010년)

# 외투

일기예보에서 '삼한사온'이라는 말을 들어본 지도 꽤 오래 되었다. 3일은 춥고 4일은 따뜻하다는 기상용어인 이 말이 새삼 그리워지는 이즘이다. 지구 온난화로 지구촌 곳곳이 계절과 상관없이 추위와 더위, 폭우, 폭설로 몸살을 앓는데 이제 한반도도 예외가 아닌 것 같다.

올 겨울은 유난스레 한파가 잦아 그 어느 해보다 혹독한 겨울을 나고 있다. 베란다에 널어둔 빨래를 거둬들이는데 집근처 중학교에서 하교하는 여학생들 한 무리가 눈에 들어왔다.

'이 혹한의 날씨에 외투도 없이 달랑 교복만 입고 돌아다니다니…. 내가 쟤들 엄마라면 절대로 저런 차림으로 학교에 가도록 내버려두지 않을 거야.'

나는 혼잣말로 구시렁거렸다.

마치 냉동실에 얼굴을 디밀은 것 같은 바깥 날씨는 낮 기온조차도

영하 10도를 밑도는데 고작 목도리 하나에 의지한 채 종종걸음 치는 아이들이 안쓰럽기도 하고 한심스럽기도 했다.

'너는 어땠는데?' 나직이 어머니 음성이 환청으로 들리는 듯 했다. 그러고 보니 저맘때 내 모습이라는 걸, 소녀들이 일깨워주었다.

나는 학창시절 십이 년 동안, 초등학교 2학년 때까지만 집 가까이 분교에 다녔을 뿐 나머지 십 년은, 좀 과장하자면 달나라쯤 되는 거리의 학교를 다녔었다. 특히 겨울철 통학 길은 한 걸음 한 걸음이 천 리였다. 추위와의 전쟁에다 주전부리에 들피진 궁핍함이 머나먼 학교길의 설움을 배가 시켰다. 고추바람이 사정없이 몰아치는 허허벌판에서 살을 에는 추위를 외투도 없이 온몸으로 맞받아야 했으니 배움의 길이 구절양장에 비유해도 결코 흥감부리는 일은 아니리라.

추위가 몰려와 마당가 여물통에 살얼음이 끼면 어머니는 나에게 아무 옷이나 가리지 않고 교복위에 덧입히려 하셨다. 그럴 때마다 나는 어머니가 권하는 옷을 죄다 퇴박했다. 시쳇말로 쪽팔려서였다. 포항시내 사는 친구들은 열여섯 소녀들에게 마침맞는 외투를 입는데 나만 귀꿈맞은 옷을 입으려니 여간 창피하고 자존심 상하는 게 아니었다. 내가 무슨 양반이나 된다고 쓰잘머리 없는 체면론부터 배웠을까만 얼어 죽어도 겻불은 쬐고 싶지 않았다.

몸에 맞지도 않은 촌스런 외투를 입을 바엔 좀 떨더라도 교복만 입는 게 덜 창피할 것 같았다.

"요놈의 지집애야, 변달각시(변덕이 심하고 멋 부리는 여자) 모시

적삼에 얼어 죽었다더라. 개 떨듯이 어디 한번 달달 떨어봐라.”

아침마다 승강이로 지친 어머니는 내 고집을 꺾지 못하고 한걸음 뒤로 물러나 등 뒤에서만 쭝쭝대곤 하셨다.

여고 1학년 겨울이 시작될 무렵 어머니는 시내 양장점에서 외투를 맞춰 주었다. 더 이상 친구들의 외투를 부러워하지 않아도 되었고 어디에다 견주어도 내 외투만큼 맵자한 것도 없어보였다. 여태껏 살아오면서 내 소유의 물건을 통틀어도 그 외투가 주었던 설렘과 행복을 능가하는 건 없었다.

쌀 한가마 값에 버금가는 감청색 외투는 눈밭에 굴러도 끄떡없을 만큼 나의 겨울 지킴이였다. 3년을 차지게 입고 동네 후배에게 물려주었다. 가끔 그 외투를 떠올리며 ‘내가 간직할 걸’ 하는 후회가 들기도 했다.

외투 한 벌 장만하기위해 어머니와 실랑이 벌인 시간이 얼마이며, 어머니는 어머니대로 그 외투 값을 위해 얼마나 허리띠를 졸라 맸을까. 돌이켜보면 마음 구석구석이 다 아르르하다.

고전수필까지는 아니더라도 근대수필 읽은 재미가 쏠쏠한데 김소운 선생의 수필이 그렇다. 1930년대 말에 쓰여진 김소운 선생의 ‘외투’라는 작품을 읽으면 가난한 문인들의 따스한 우정이 겨울다방에서 뿜어나오는 진한 커피향처럼 온 몸에 사르르 녹아든다.

청마 유치환 시인 부부가 중국 하얼빈에서도 사오백 리를 더 들어가는 조그만 고을에서 농장경영 하던 때가 있었다. 자금문제로 서울에 다니러 왔다가 별 성과도 없이 돌아가는 날은 눈이 펑펑 내렸다. 몇몇 문인들이 역에 나와 청마시인 부부를 전송하였다. 영하 40도를 넘나드는 하얼빈으로 떠나는 청마시인이 외투도 없이 달랑 양복차림으로 가는 게 안쓰러워 외투를 벗어주고픈 마음이 굴뚝같았다.

하지만 김소운 선생은 외투가 없어서 벗어주지 못했다. 대신 뭐라도 줘야 할 것 같아 자신이 지니고 있던 최고급 만년필을 청마시인 손에 쥐어 주었다. 방한복도 방한가구도 아닌 뜬금없이 만년필을 쥐어준 건, 김소운 선생으로서는 외투 한 벌을 벗어 입혀 보내는 심정이었다고 한다.

자신이 가진 것 중에 가장 귀한 것을 속셈 차리지도 않고 선뜻 내주는 김소운 선생이나 그 마음을 귀하게 받아가는 청마시인이나 가난한 문인들의 가식없는 우정에 감동이 밀려왔다. 오래 여운이 남는 이 수필은 추운 겨울날이면 나는 어김없이 떠오른다.

1930년대 후반인 그 시절이나, 1970년대 후반인 내 학창시절이나 별반 다르지 않은 게 있다면, 가난≠외투는 부등호로 밖에 달리 표현할 길이 없다는 점이다.

외투는 방한복이기 전에 빈자를 더 굽죄이게 만드는 옷, 그 이상의 의미라면 요즘 아이들은 어떻게 받아들일까. 아이로니컬하게도 아이들은 선뜻 공감을 하고 말 것이다. 다만 '노스페이스'라는 브랜드를 대입할 때만 성립되는 외투방정식으로만 말이다.

기십만 원씩은 예사인 특정브랜드 외투를 입지 않으면 왕따가 된다는 세태가 씁쓸할 뿐이다. 요즘 아이들이야 외투가 없을 리 만무하지만 단지 모두가 선망하는 특정브랜드가 없어서 교복만 입고 돌아다닐지도 모른다는 생각이 든다. 등골이 휠 정도의 외투를 해 입히자면 예나 지금이나 부모노릇 하는 게 쉬운 일은 아닌가 보다.

설날을 며칠 앞두고 남편이 설빔을 해 주겠다며 나를 여성복 가게로 데려갔다. 외투가 없는 것도 아닌데 맘에 드는 옷을 골라 보라고 해서 못 이기는 척 한 벌 골랐다. 골라 온 옷을 계산대에 얹으니 남편이 부리나케 또 한 벌의 외투를 들고 왔다.

"나는 이게 당신에게 더 어울리는 것 같아." 하더니 주인에게 두 벌 다 계산해 달라고 했다.

한 벌만 해도 충분한데 괜스레 낭비하는 것 같아 못 사게 승강이를 벌였지만 남편은 막무가내였다. 한꺼번에 두 벌의 외투를 장만해서 오는 걸, 어머니가 눈물나게 그리웠다.

그때 내 어머니는 딸내미에게 선뜻 외투 한 벌 못해 입히는 가난과 싸웠고 철없는 나는 어머니의 무능함이 야속해서 싸웠다. 오복조르듯 하는 딸년이 어머니는 얼마나 무럽고 솔기만 했을까. 지금 이 광경을 어머니가 어디선가 보고 계신다면 이렇게 말씀하실 텐데.

"몸 약한 내 딸아이 다독이는 마음도 고맙고 오순도순 사는 것도 고맙고 외투 두 벌 해 입히는 형편도 고맙고 다 고맙네, 김서방!"

어머니의 하뭇한 미소를 떠올리며 돌아오는 내내 설빔을 번갈아가며 만지작거렸다. (2011년)

# 오일장을 추억하며

저녁을 먹던 남편이 대뜸 한소리를 했다,

"당신이 대폿집 아줌마라도 되냐?"

무엇 때문에 그러는지 나는 단박에 알아차리고 보시기에 담긴 김치를 먹기 좋게 가위로 잘랐다. 다소 투깔스럽고 성의가 없어 보이기는 하지만 모름지기 김장김치는 포기째로 꺼내 손으로 길게 찢어 먹어야 제 맛이라는 걸 나는 알고 있다. 그래서 격식을 갖추어 반듯하게 썰어놓을 때도 있지만 우리 식구끼리 식사를 할 때는 되도록 썰지 않은 상태로 밥상에 올린다.

'썰지 않는 김치와 대폿집 아줌마?' 아니, 남편이 그걸 어떻게 알고 있을까?

내가 초등학교 시절이었으니 한 35년도 더 지난 것 같다. 고향읍내에는 2일과 7일에 닷새장이 섰다. 농한기를 맞은 시골 사람들에게는 겨울만큼 따스한 계절이 또 있을까 싶다. 딱히 볼일이 있는 것도 아니면서 이 고을 저 고을마다 오일장이 서는 날이면 제각기 설렘을 안고 꾸역꾸역 장으로 몰려들었다.

손바닥만 한 땅뙈기를 부쳐먹으며 지지리도 옹색한 삶을 살아가던 촌부들이지만 그래도 오일장에서만은 팍팍하고 고단할 삶을 잠시나마 내려놓을 수 있었으리라. 그곳엔 언제나 내 아버지도 계셨다.

삼한사온에 들어 날씨가 포근한 장날이면 아버지를 따라 더러 장 구경도 할 수 있었다. 이십 리 산길을 걸어 오일장으로 가시는 아버지의 찹쌀 한 말 속에는 참으로 소박한 꿈이 담겨 있었다. 자반고등어 한 손, 김 한 톳, 딸내미가 갖고 싶어 하는 크레용 한통, 그리고 대폿집에서 세상사는 이야기를 풀어놓을 대폿술 몇 잔이면 그걸로 충분하셨을 거다.

싸전에서 쌀자루를 풀어놓고 밀고 당기는 흥정이 몇 차례 지나야 거래가 이루어지지만 깐깐한 싸전 주인에게 언제나 먼저 주눅이 드는 건 아버지였다. 학용품가게에 들러 알록달록한 열두 색 크레용을 제일 먼저 안겨 주셨다. 어물전, 철물점을 거쳐 칼국수로 요기를 한 뒤, 아버지는 리어카 목판 위에 설탕가루가 닥지닥지 발린 눈깔사탕 몇 개를 내 손에 쥐어 주셨다. 그러고는 아버지의 장날 대미를 장식하는 그곳, 대폿집으로 향하셨다. 대폿잔을 앞에 놓고 삼동네에서 모인 친구분들과 세상사는 이야기를 즐기셨던 아버지! 그것은 내가 아버지의 생전 모습을 반추할 때, 가장 행복해 하시던 모습으로 기억

된다. 열두 살 계집아이 눈에 비친 대폿집 아줌마의 배리(背理)는 내 삶에서 느낀 최초의 분노가 아니었나 싶다.

요즘의 설렁탕 뚝배기 같은 투박한 질그릇에 담긴 김치는 언제나 포기째였다. 대폿잔을 벌컥벌컥 들이켜고는 김치 사발로 안주를 찍으러 가지만 뒤적뒤적하다 결국 젓가락만 핥을 뿐이었다. 다른 상에도 별반 다르지 않았다. 김치를 썰지 않고 포기째로 담아내놓으면 그 누구도 안주를 축내지 못하는 것이다. 참으로 벼룩의 간에 육간대청 지을 짓거리가 아닌가!

노루꼬리만큼 짧은 겨울 햇살이 서서히 빛을 잃어갈 때쯤에야 아버지는 거나한 얼굴로 대폿집을 나섰다. 마치 쥐 잡아먹은 입술을 한 대폿집 아줌마는 엉덩이를 실룩거리며 거스름돈을 아버지 손에 쥐여 주곤 했다. 그냥 건네주는 게 아니라, 손을 꽉 틀어잡고 다음 장날을 기약하는 교태도 빠뜨리지 않았다. 어수룩한 촌부를 호릴 심산인 걸 아버지는 모르셨을까? 나는 그 여자의 손등을 꼬집어 버리고 싶은 충동을 가까스로 억눌렀다. 안주를 속이고 아버지의 손등을 훔치려 했던 사실을 어머니에게 낱낱이 속살거리고 나서야 직성이 풀렸다.

"당신, 대폿집 아줌마가 김치를 포기째로 낸다는 걸 어떻게 알았어요?" 저녁상을 물리고 과일을 내면서 남편에게 넌지시 물었다.

"내가 결혼 전에 당신 집에 갔을 때, 장인어른께서 케케묵은 이야기로 만리장성 쌓던 거 기억 안 나?"

닷새마다 어김없이 장이 서던 내 고향 읍내는 오래전에 포항시로 편입되었다. 이제 그곳은 나이트클럽, 호프집, 노래방으로 불야성을 이루고 있다. 나지막한 천막이 끝간데없이 세워지고 왁자지껄하게 난전이 서던 자리에는 상설 시장격인, 대형 슈퍼마켓이 군데군데 떡하니 버티고 있다.

오일장 명맥은 오래전에 끊겨버렸다. 끊긴 것이 어디 오일장뿐이랴. 사람과 사람 사이에 흐르던 정도, 대폿잔 속에 피어나던 촌부들의 걸쭉한 웃음꽃도, 넓적한 솥뚜껑을 열어젖힐 때마다 하얀 김이 안개처럼 피어오르던 국밥집 풍경도, 빠끔히 문을 열고 여리꾼까지 겸하던 대폿집 아줌마의 새빨간 입술까지도 아주 오래전에 아날로그 시간 속으로 사라져갔다.

우리시대의 마지막 풍물인 오일장 속에서 그나마 덜 약고 덜 닳아 있는 정서의 원형질을 만나고 싶었던 걸까. 아니면 삶의 한 모퉁이에서 쉼표를 찍던 내 아버지를 찾고 싶었던 걸까. 오일장으로 가는 추억 열차를 탔지만 녹을 잔뜩 뒤집어쓰고 드러누운 철마와 같이, 철로는 오래전에 끊겨 나는 미아가 되어버렸다. 이제 어디서 그 정겨움을 만날까.

몇 해 전 그곳을 찾았다가 시리디시린 가슴으로 돌아서야 했다.

오일장 난전 목판에서 눈깔사탕을 사 주시던 아버지와 단 하루만이라도 해후상봉할 수 있다면 내 남은 세월을 뭉텅 베어 던져도 아깝지 않을 것이다. '내 사랑 내 곁에' 노랫말처럼 비틀거릴 내가 안길 곳은 그 어디에도 없던 날이었다. (2007년)

# 7일간의 사랑

"아부지요, 이 사람 누군교?"

"이북 사람이다."

"그라믄 이 사람 빨갱인교?"

"빨갱이는 무슨, 그냥 이북 사람인기라."

반공 교육이 철저했던 탓이었을까? 이북 사람이라면 무조건 빨갱이인 줄로만 알았던 시절이 있었다. 그 사진을 처음 본 건 정확히 언제였는지 모르지만 내 어린 시절 사랑방 앉은뱅이책상 서랍 속에는 빛바랜 흑백사진이 한 장 있었다. 빛이 바래서 누르스름해진 사진은 윤곽조차 희미할 정도로 낡았는데 그 사진 속에는 홍안의 미소년(美少年)이 싱그레 웃고 있었다.

아버지께 그 인물에 대해 여쭈어보면, 아버지는 대답 대신 사진을 물끄러미 내려다보며 긴 한숨과 함께 안타깝게 중얼거리셨다.

'이느므 자슥은 즈그 집에 무사히 갔는지 모르겠구만. 아직도 살아 있기나 한지….'

그 사진 속 주인공에 대해 이야기를 들은 건 세월이 훨씬 지나서였다.

'느그 오라비가 태어나 백일도 채 안 되었을 때 6 · 25사변이 일어났제. 포항 전투에 패배해 쫓기고 쫓기던 인민군 병사 하나가 우리 마을까지 숨어들었제. 온 몸에 상처투성인 채로 구월의 어느 새벽녘 우리 집 사립문을 열고 들어서서 마당에 쓰러졌제. 정신을 잃은 걸 내가 업어다 골방에 숨겨놓았제. 시장하겠다 싶어 느그 오라비가 먹던 암죽을 떠 먹여도 제대로 삼키지도 못하던기라. 약이라고 있을 리 만무해 네 엄마랑 내가 생감자를 긁어 상처에 바르고 선인장도 구해다가 가시를 떼내고 잘게 짓이겨 발라줬제. 피멍 삭히는 데는 선인장만 한 게 없거든. 그랬더니 3일 만에 일어나 앉아 말도 하고, 죽도 넙죽넙죽 받아 먹길래 이제 살겠다싶어 한숨을 돌렸제. 일주일째 되던 날 기어코 떠나려고 하더구먼.

입고 갈 옷 한 벌만 달라고 하더니, 제 옷은 불태워 없애버리라고 신신당부 하더구먼. 사방이 어둑어둑해 질 때를 기다렸다가 보리밥 한 덩어리를 들고 마을 뒷산을 넘어갔제. 국군이 오면 숨겨준 우리 내외가 곤란해질까 봐 성치도 않은 몸을 이끌고 서둘러 떠난기라. 원산 어딘가가 즈그 고향이라더니 그 먼 길을 죽지 않고 살아서 갔는

지, 그놈 생각만 하면 참말로 마음이 아픈기라. 그놈 옷을 태우려고 보니 이 사진 한 장이 들어있었구먼.'

전후세대인 내가, 골육상쟁의 불행을 다 알기엔 턱없이 부족하리라. 하지만 내남없이 오직 살아남기 위해 발버둥을 치던 그 시절에 아버지가 베푼 인정은 단순한 인정이라기보다 이념을 초월한 박애정신이었다. 아버지는 사진 속의 청년이 수나롭게 부모 품으로 돌아갔길 간절히 염원하며 사셨다. 오래전에 아버지 유품을 정리하면서 그 사진도 함께 사라졌지만 아직도 내 기억 속에 남아있는 인민군 병사의 앳된 모습은 해마다 유월이 오면 더욱 생생히 되살아난다. 그 인민군 병사가 지금 어디엔가 살아있다면 조쌀하게 늙어 팔순을 바라보고 있겠다. 아마 그도 이맘때면 남조선 어느 촌락에서 정 많은 농부 내외와 지낸 7일간의 사랑을 기억하며 눈시울을 적시고 있지 않을까, 꼭 그랬으면 좋으련만. (2008년)

# 엿을 사는 재미

모처럼 재래시장에 들렀더니 엿이 잔뜩 쟁여있는 리어카가 제일 먼저 눈에 띄었다. 그러고 보니 수능시험이 바투 닥쳤나보다. 쌀쌀한 날씨 때문이었을까, 리어카 한쪽에 쭈그리고 앉아 늦은 점심을 먹는 늙수그레한 엿장수가 안쓰러워 보였다.

'엿장수가 안쓰럽다고?' 혼자 중얼거리다가, 그 옛날 엿장수가 우리들에게 어떤 존재였던가를 떠올려보니 슬며시 웃음이 나왔다. 엿장수는 결코 안쓰러울 수도 없고 초라할 수도 없는 우리들의 슈퍼스타였던 시절이 있었다.

콩엿, 깨엿, 호박엿, 생엿 등 입맛대로 갖추갖추 쌓인 엿 중에서 나는 콩엿을 2천원어치 샀다. 딱히 엿이 먹고 싶어서가 아니라 그냥 엿이 사고 싶어서였다.

"엄마가 어렸을 땐 산에 쇠를 주우러 다녔단다." 내 말이 생뚱맞게 들리는지 아들 녀석들은 한번 피식 웃고 말았다. 마치 나무 위에 올라가서 물고기를 구한다는 '연목구어(緣木求魚)'처럼 황당무계한가 보다. 하지만 내가 산에 쇠를 주우러 다녔던 건, 빈말이 아닌 사실이다.

초등학교 다니던 시절, 반공일(半空日)인 토요일 오후면 옆집 경숙 언니랑 쇠를 찾아 온 산을 헤매고 다녔다.

장마다 꼴뚜기 나는 건 아닐 테고, 타자가 방망이 휘두를 때마다 홈런치는 건 아니듯이 온 산을 헤매고도 빈손 일 때가 더 많았다. 어쩌다 운 좋은 날엔 어른 손바닥만 한 쇠를 줍기도 하는데 그런 날은 심마니가 산삼 본 횡재에 버금가는 날이었지 싶다.

경숙언니는 나보다 눈이 훨씬 작으면서도 큼직한 쇠붙이를 잘도 주웠지만 나는 고작 아기 손가락만 한 쇳조각이나 탄피 몇 개 줍는데 그쳤다.

요즘 아이들 시각으로 보자면 대체 무엇 때문에 산으로 쇠를 주우러 다녔으며, 산에 왜 쇠가 널려 있었던 걸까. 궁금하지 않다면 그게 되레 이상할 터이다.

산천에 산산이 흩어진 그 쇳조각이 6.25전쟁 당시, 꽃다운 영령들이 포탄의 불바다에서 산화(散華)해 간 슬픈 흔적이라는 것을 전후세대 조무래기들은 까맣게 몰랐었다. 우리에겐 그저 달콤한 호박엿을 바꾸기 위한 대체화폐에 지나지 않았다.

긴긴 여름날 오후, 쩔꺼덕 쩔꺼덕 엿장수의 가위소리가 들려오면 아이들은 저마다 불을 쫓는 불나방처럼 몰려나왔다. 일주일에 한 번씩 시골마을로 리어카를 끌고 찾아오는 엿장수가 왜 그리도 반갑던지, 산에서 주워다 귀히 모셔둔(?) 쇠붙이를 들고 엿을 사러 가던 발걸음은 왜 그리도 설레던지….

엿판에 색색으로 뿌려진 사탕가루는 보기만 해도 저절로 도리깨침이 고였다. 아무리 엿판을 남상대도 그냥 줄 리는 만무할 터, 엿을 먹으려면 돈을 가져오든 고물을 가져오든 둘 중 하나는 있어야 했다. 돈도 귀했지만 고물도 귀하기는 마찬가지였으니 조무래기들이 할 수 있는 일이라곤 너나없이 껄떡이가 되어 엿장수 뒤를 졸졸 따라다니는 것 밖에 도리가 없었다.

어린 시절, 나는 어머니가 휘두르는 부지깽이를 피하느라 집에서 두 번 쫓겨난 적이 있었다. 한번은 소나기 오는 날 장독뚜껑을 덮지 않아 장을 몽땅 망쳐놔서이고 또 한번은 엿장수 때문이었다.

까만 눈을 반짝거리며 유난히 껄떡대는 나에게, 집에 가서 고물을 찾아오라고 엿장수가 살살 꾀었다. 엿장수가 사라져 버릴까봐 조바심을 내다가 마루 밑에 아버지 어머니 흰 고무신이 생각났다. 부모님에게 흰 고무신이란, 갈음옷을 입고 맑은 장소에 갈 때나 신는 특별한 신이었다. 구렁이 아래턱 여기듯 하는 신발을, 나는 각각 한 짝씩 들고 나왔다. 새 신이나 다름없는 신발값을 후하게 쳤는지 혼자서 한 번은 퇴내게 먹을 만한 양의 엿을 끊어주었다.

저녁 무렵, 신발이 없어진 걸 아신 어머니는 단박에 내 소행으로 단정 짓고 부지깽이를 들고 나오셨다. 차라리 아버지 신이든 어머니 신이든 한 켤레로만 엿을 사 먹었더라면 어머니께 야단을 덜 맞았을 텐데, 나는 왜 그리도 아둔했을까.

지역축제가 열리는 풍물시장에 가보면 제일 먼저 눈에 띄는 건 엿장수이다. 경쾌한 음악에 맞춰, 아이돌 가수 못지않은 현란한 몸동작으로 사람들의 눈길과 발길을 붙드는 데는 엿장수가 단연 발군이다. 온갖 먹을거리가 풍성해, 뭘 먹을지 골라먹어야 하는 시대에 살고 있지만 나는 언제 어디서든 엿장수의 가위 소리만 들으면 시공을 초월해 예닐곱 살 계집아이처럼 주전부리에 안달한다. 아버지에게 엿을 사 달라고 무던히도 졸라대던 꼬맹이가 이젠 남편에게 엿을 사 달라고 조른다. 물론 입맛이 당겨서라기보다 엿을 사면 추억이 덤으로 딸려오는 재미 때문이다.

이 강산에 6 · 25전쟁이 끝난 지도 반세기가 훌쩍 넘었다.

고향 산비알에는 미처 다 찾아내지 못한 쇠가 아직도 남아 있을까. 시골마을 늘솔길로 쩔꺽쩔꺽 가위소리를 내며 엿장수가 찾아드는 낭만이 아직 존재할까. 엿을 껄떡대다 못해 아버지 어머니 고무신을 팔아먹는 잔망스런 계집아이가 아직도 그곳에 있을까.

'쇠는 벌겋게 녹슬어 산화(酸化)된 지 오래고 , 엿장수는 돈벌이가 되는 팔도 풍물시장으로만 다니고, 엿을 좋아하던 꼬맹이 계집아이는 너무 커 버려서 더 이상 엿을 좋아하지 않는다.'고.

번번이 대답 없는 물음이 안쓰러웠는지 오늘은 바람이 넌지시 알려주고 총총히 달아났다. (2010년)

# 자반고등어

수년 전, 대구에 사는 편지마을 문우들이 모임을 가진다는 기별을 보내왔다. 형편이 되면 참석해달라는 요청도 요청이려니와 친좁은 터수에 한번쯤은 나들이 삼아 다녀오고 싶었다.

문우들을 만나 모임에 앞서 점심부터 먹었다. 맛깔스런 반찬도 많았지만 유독 내 눈독을 들이게 하는 반찬이 있었다. 노릇노릇 잘 구워진 자반고등어 몇 토막이 그것인데 식사가 끝났을 때 다행히 큼직한 한 토막이 남아있었다. '저 자반고등어 남편에게 먹이고 싶다'고, 마음속으로만 달막거리다가 나는 용기를 내어 종업원에게 은박지를 가져다 달라는 부탁을 했다.

"열녀 났다!"고 시설거리는 문우들의 농도 전혀 싫지 않았다.

'이 뿌듯한 마음을 누가 알까! 예전에 아버지도 이런 마음이었을 테지. 그래, 그랬을 거야.'

아버지와 동류의식이 교감되는 순간, 행복감이 밀물처럼 밀려왔다.

모임을 마치고 서울로 돌아오는 열차 안에서 나는 은박지에 꽁꽁 싸인 고등어를 만지작거렸다. 아버지 생각에 눈시울이 뜨거워졌다. 지금의 나는, 고등어를 입에 대지 않지만 내게도 분명 냠냠거리며 고등어를 먹었던 시절이 있었다.

내 어릴 적, 아버지는 이웃집 품앗이 다녀오실 때면 으레 자반고등어 한 토막을 얻어 오시곤 했다. 참나무 이파리에 싸서 풀줄기로 질끈 동여매어 주머니에 넣어 오셨다. 그건 아버지 몫이었는데 입 짧은 막내딸 거둬 먹이려고 부러 남겨오신 것이다. 아버지는 얻어온 자반고등어를 내 밥숟가락 위에 똑똑 떼어 얹어주시며 흐뭇해했다.

언젠가 친정나들이 갔을 때 동네 아주머니들이 옛말 하던 끝에 그 고등어 이야기를 빠뜨리지 않고 하셨다.

“너는 아버지 은공을 하려면 머리를 잘라 신을 삼아 드려도 다 못할 거다. 일 하러 와서 자반고등어 토막만 보면 참 좋아하셨지. 당신 입에 넣는 건 벌벌 떨며 딸내미 먹이려고 싸 가시더구나. 딸 괴는 마음이 참 유별난 양반이셨는데….” 그랬다. 요즘말로 내 아버지는 ‘딸바보’셨다.

읍내에 오일장이 서는 날이면 어김없이 자반고등어를 먹을 수 있었다. 친구들과 동구 밖에서 장에 간 아버지를 기다리는 일은 언제나 설렘이었다.

해가 뉘엿뉘엿 넘어갈 쯤에야 아버지는 거나하게 취한 모습으로 돌아오셨다. 언제나처럼 자반고등어 한 손이, 아버지 손에 대롱대롱 매달려 비린내가 먼저 나를 반겼다.

해 저문 동구 밖 장날 풍경 속에는 자반고등어가 한 조각의 퍼즐처럼 내 유년의 기억에 따스하게 머물러 있건만, 나는 지금 고등어라면 줄행랑을 치고 말 터이다.

결혼 후, 큰아이를 가져 입덧으로 고생할 때 남편이 나를 위해 저녁을 한 끼 지어준 적이 있었다. 고등어찌개를 만든다며 재료를 잔뜩 사와 부엌에 펼쳐 놓았다. 나더러 부엌엔 얼씬도 말라더니 도마질 소리만 요란했지, 밥상은 좀처럼 들어오지 않았다. 호사스럽게 방안에 앉아 밥상 들어오기만을 목빼고 기다렸다. 자취생활로 잔뼈가 굵은 남편인지라 그날 요리한 고등어찌개는 썩 괜찮은 맛이었다. 문제는 먹고 난 후에 일어났다. 고등어가 상했던지 남편과 나는 저녁 먹은 걸 올딱올딱 게워내며 밤새 배앓이를 했다. 알레르기까지 생겼는지 몸에 붉은 반점이 돋아 가렵기가 이만저만 아니었지만, 임신부라 함부로 약도 못 쓴 채 며칠을 떼꾼하게 지내야했다. 그날 이후 고등어는 구이든 찌개든 나에게 알레르기 식품으로 낙인찍혀 버렸다.

여느 집도 마찬가지이지만 주부가 먹지 않는 음식은 식구들도 자연스럽게 그 음식과 유리되어 버린다. 입짧기로 둘째가라면 서러울 나 때문에 남편과 아이들이 알게 모르게 피해를 많이 보는 셈이다.

나라고 왜 미안하지 않겠는가마는 그래도 마음대로 잘 안되는 게 바로 음식부분이다.

얼마 전, 제주도산 자반고등어 한 박스가 택배로 왔다. 남편의 직장동료 중에 고향이 제주도인 분이 보낸 거라 했다. 반으로 갈라 뼈를 발라내고 포장한 자반고등어는 한눈에 봐도 비다듬은 정성이 여간 아니었다. 비록 나는 먹지 않을 거지만 정갈하게 손질된 자반고등어를 보니 남편에게 구워 줄 생각에 저절로 흐무뭇했다.

모름지기 생선은 장작불 석쇠에서 기름을 빼가며 지글지글 구워야 제격이다. 프라이팬에서는 그 맛이 어림도 없지만 노릇노릇하게 굽는 걸로 만족할 수밖에 없었다. 밥상에 올린 자반고등어를 보자 남편은 도리깨침을 삼키며 수저를 들었다. 예전에 아버지가 그랬던 것처럼 남편이 자반고등어의 살점을 한 점 뚝 떼어 내 밥에 얹었다.

나는 끝내 그것을 먹지 못했다. 남편의 핀잔이 이만저만 아니었지만 안 먹던 버릇은 쉬이 용납되지 않았다. 아들 녀석들도 먹어 본 적이 없어서인지 고등어 먹기를 거부했다. 그러구러 자반고등어 한 박스는 남편의 독차지가 되었다.

"입 줄어서 좋기만 하네!"

남편의 말속에는 서운함이 잔뜩 묻어있었다. 맛있고 몸에도 좋은 음식을 처자식에게 먹이고 싶은 마음이야 오죽하랴. 반편이가 아닌 이상 그 마음을 왜 모를까.

자반고등어를 구울 때마다 나는 아버지와 남편의 속 깊은 사랑까지도 올지게 굽는다. (2009년)

# 순박한 사람들

그리운 것은 다 추억이라는 걸, 지천명에 이르고 보니 알 것 같다. 세상살이가 점점 팍팍해져서일까, 나는 순박한 사람이 그립다.

언제부턴지 순박한 사람들이 사라져 가고 대신 그 자리엔 이악한 사람들로 채워지는 것 같아 적이 안타까운 마음이다. 하긴 '순박하다'는 말이 요즘은 액면 그대로 마냥 듣기 좋은 말은 아닐 게다.

인간 본연의 순수성을 귀히 대접하고 존중하려는 마음은 엷어지고 되레 얼간이 취급 하려드는 게 세상인심이다. 그러니 순박한 사람이 줄어든다고 누굴 탓하랴만 그래도 나는 순박한 사람이 넘쳐나는 세상이길 간구하는 마음은 예나 지금이나 여전하다.

나에게도 순박한 시절이 있었을까, 아마도 있었을 것이다. 긴긴 세월 속에 쟁여둔 추억 하나를 꺼내 반추해보니 그때가 바로 순박한 때가 아니었나 싶다

## (1) 나

초등학교 시절, 하굣길은 또래들끼리 유난히 싸움질이 잦았다. 남자애들은 주로 힘겨루기 하느라 코피를 내가며 드잡이판을 벌이고 여자애들은 아예 시빗거리도 못되는 싸움을 사흘돌이로 해댔다.

남들이 보기엔 하잘것없기가 이를 데 없는 와각지쟁이었지만 당사들에겐 물러설 수 없는 일전이었다. 머나먼 학교 길을 오가며 추위와 더위에 지치고 허기에 지쳐있던 계집아이들이 어디서 그런 극성이 나왔던 걸까.

풍신이라곤 쥐만 했던 내가, 누구와 싸워본들 승산도 없고 덕 될 것도 없었지만 그렇다고 싸움에 구경꾼 노릇만 할 수는 없었다.

내가 싸운 건 순전히 구름 때문이었다. 파란 하늘에 제트 비행기가 지나간 자리에는 콘트레일(비행구름)이 선명하게 남았다. 비행기가 하늘에 그려놓고 간 그림은 단순한 직선에 불과했지만 올려다볼수록 마음이 설레곤 했다. 콘트레일은 우리에게 잠시나마 옹색스러운 일상을 잊게 해주는 마력이 있었다.

언제나 그랬듯 비행구름을 제일 먼저 본 아이가 임자라는 건, 우리들만의 법칙이었다. 심마니가 '심봤다'를 외치듯 구름을 제일 먼저 본 아이는 "비행기구름 내꺼!"하고 큰소리로 하늘에다 대고 소유권 등록해 버리는 거였다.

그러면 그날의 하늘은 온이 그 아이의 차지가 되니 그 뿌듯함이,

그 느꺼움이 어찌 대단치 않겠는가.

다른 아이가 뒷북을 치며 자기가 먼저 보았으니 제 것이라고 우기는 경우가 왕왕 있는데 싸움은 그때부터 시작된다.

번번이 억지주장을 하는 아이를 보면 나는 머릿발이 곤두서서 도저히 참을 수가 없었다. 서로의 머리채를 움켜잡고 논바닥에 뒹굴다 뜯어 말리는 아이들의 힘에 밀려 싸움은 잠시 숙지게 되지만 입을 씰룩거리며 분기를 안추르다 또 한 번 겯거니틀거니 한 뒤에야 싸움은 끝이 나곤했다.

비행구름, 그깟 게 뭐라고 사생결단하듯 대판거리를 했을까. 지금 생각하면 웃음이 나온다.

## (2) 아버지

어지간히 두멧구석도 아니건만 내 고향마을은 왜 그리도 전기가 늦었을까. 70년대 중반이 넘어서 겨우 전기가 개설되었으니 전국 방방곡곡 조국 근대화의 깃발이 휘날리고도 한참이나 지난 뒤였다.

전기가 없을 때는 문명의 이기라고 해야 라디오가 전부였다. 집집마다 트랜지스터라디오를 어른 아이 할 것 없이 오달지게 혹사시켰던 건 두말 할 나위가 없다.

그 시절 나는 '태권동자 마루치'를 들으며 꿈을 키웠고 정의를 배웠다. 아버지는 밤마다 '전설따라 삼천리'를 즐겨 들으셨는데, 라디오는 촌부의 고단한 삶에 쉼표 같은 존재였고 다른 세상을 들여다보는 창문이기도 했다.

오직 라디오를 통해 세상 돌아가는 이야기를 알고 연속극을 들으며 웃고 울던 그때, 라디오의 가치를 그 무엇에 견줄 수 있으랴 싶다.

잠자리에 들 시간인 밤 10시쯤이면, 아버지는 라디오를 끄셨다. 그러고는 "이제 잘 시간이다. 쟤들도 다 집에 갔다."는 말을 잊지 않으셨다.

아버지는 당신께서 라디오를 끄면 방송국 사람들도 동시에 다 마이크를 끄고 집으로 가는 줄로 아셨다. 나도 그런 줄로만 알았다.

## (3) 고향 어른들

80년대 초 우리 마을에도 전화가 보급되었다. 물론 그전에도 전화가 없었던 건 아니다.

이장집에만 있는 수동식 전화였는데 읍내 전화국의 교환원을 통해야 비로소 통화가 되는 전화였다.

전화를 걸거나 받거나 할 때는 반드시 이장댁에 들러야 했으니 이장댁 식구들은 꽤나 성가셨을 것이다. 80년대 들어서 그런 불편함을 일거에 없애고 집집마다 자동 전화기를 가지게 되었다. 전화를 들여놓은 초창기에 벌어졌던 에피소드를 두고 우리 친구들은 수십 년이 지난 지금도 얘깃거리로 삼고 있다. 누구의 훈수였는지 모르지만 마을의 여러 집에서는 전화 코드를 빼놓고 지냈다. 대처에 있는 자식들이 집으로 전화를 걸어도 번번이 통화가 되지 않자 걱정이 된 나머지 쫓아오는 일까지 생겼다.

"왜 전화코드를 뽑아 놨어요?" 자식들의 물음에

"전화 코드를 꽂아 놓으면 요금이 계속 올라간다더라. 돈 무서워 쓸 때만 꽂고 쓰지 않을 때는 (코드를) 빼 놓아야제.' 라고 시골 어른들은 대답하였다.

맙소사! 전화기를 전자제품인 줄로 아셨나 보다.

아, 이제 어디서 이런 귀여운(?) 분들을 만날 수 있을까. (2010년)

# 3. 내가 헬리콥터 엄마일까

# 자식농사

논밭을 갈아 곡식을 재배하는 일만이 농사는 아닐 것이다. 제때 낳아서 정성을 들여 기르는 자식도 농사에 비유되곤 한다. 세상에서 가장 으뜸 농사는 자식농사이고 가장 어려운 농사 역시 자식농사라 해도 이의를 달 사람은 없지 싶다.

오래 전에 읽었던 '위대한 남자들도 자식 때문에 울었다'라는 책이 생각난다. 처칠, 헤밍웨이, 에디슨, 간디, 고갱 등 이름만 들어도 그 분야에서 일가를 이루며 한 시대를 풍미했던 인물들이다. 그런 위인들에게도 자식은 평생 골칫거리로 속이 새까맣게 탄 사연들이 있었다.

처칠의 아들은 국회의원 도전했다가 내리 여섯 번을 낙선하는 수모를 당했다. 또 하루 위스키 한 병, 담배 100개비를 마시고 피워대려니 늘 돈이 모자랐다. 생활비를 벌려다가 갖은 망신을 자초해 아버지 낯을 깎았다. 헤밍웨이 아들은 알코올중독에다 네 번이나 결혼을 했다. 환갑 넘어서 성전환 수술을 받은 뒤 마이애미 길거리에 벌거벗고 앉아 있다가 외설혐의로 체포되는 등. 가지가지 시러베아들 노릇만 했다. 케네디, 에디슨, 간디, 고갱 등 하나같이 자식 때문에 속울음 삼키며 살았던 아버지들이다.

필부필부(匹夫匹婦)이신 내 부모님의 자식농사를 떠올려보면 죄스러운 마음과 연민으로 가슴이 콱 미어지는 것 같다. 어머니는 여덟 자식을 출산하셨다. 홍역과 파상풍으로 넷을 잃었으니 부모님의 자식농사는 숫자로만 보면 반타작인 셈이다.

언제였는지는 모르지만 탁발 나온 스님이 우리 집에 들렀을 때 어머니에게 한 말은 이랬다.

"보살님은 여덟 자식을 얻었군요. 허! 효도할 자식들은 다 놓치고 걱정시킬 자식들만 남았구려."

그러고는 휑하니 가버렸다고 한다. 한마디로 알곡은 없고 쭉정이만 손에 쥐었다는 게 아닌가. 아니 들은만 못한 말을 들었으니 어머니는 얼마나 황당하고 낭패스러웠을까. 실제 우리 4남매를 키우며 노심초사하신 것만 보자면 스님의 말이 아주 헛말은 아닌 듯하다.

사월 초파일 새벽이나 섣달 그믐밤이면 집안 구석구석 촛불을 밝히고 어머니는 부처님께 발원하셨다. 네 자식 골고루 이름을 얹어가며 간절히 또 간절히 비손을 하셨지만 어머니의 염원만큼 자식들 삶이 녹록지는 않았다. 우리 남매들 중에 신간 편한 건 나 하나뿐이지만 건강을 타고나지 못해 어머니의 애물단지 노릇하기는 매한가지였다. 불면 꺼질세라 쥐면 터질세라 어머니의 유별난 자정이 조바심을 한몫 거들었는지도 모른다. 어머니는 자식이 당신 뜻대로 되지 않으면 끌탕으로 잠을 이루지 못하셨다. 자식들은 그런 어머니가 얼마간은 부담스러웠던 것도 사실이다. 이젠 모든 게 후회로 남아 안갚음할 기회조차도 없으니 후회는 늘 그렇게 몇 걸음 뒤쳐져 오는 법인가 보다. 죽은 자식 고추만지기 같은 이야기지만 스님 말대로 그 반대였더라면 내 부모님의 삶이 더 탁탁하고 안온하지 않았을까. 제 발 저린 도둑처럼 나는 가끔 그런 막연한 생각이 들곤 한다.

여자들이 모이는 곳에 자식 얘기는 빠질 수 없는 고정 레퍼토리이다. 자식은 품안에 자식이지 머리 크면 자식이 상전된다고 한다. 커갈수록 다루기가 점점 힘이 드는 건 뉘 집 할 것 없는 모양이다.

'자식 맘대로 안 되더라'는 결론이 이미 나 있는 얘기지만 중구난방 떠들며 속풀이라도 하자는 게 중년여자들의 심산이지, 자식들에게 마냥 서운해서만은 아닐 것이다. 아무리 더넘스러워도 부모에게는 자식이 살아가는 이유라면 이유가 아닐는지….

큰아이가 고등학교 다닐 때였다. 새 학기에 학부모 총회 갔더니 교장선생님이 강당에 모인 학부모들에게 말씀하셨다.

"여기 오신 학부모님 중에 내 자식 내 맘대로 할 수 있다고 생각하는 어머님은 손 좀 들어보세요!"

교장선생님의 말씀이 끝나자마자 내가 손을 번쩍 들었다. 그날 손든 사람은 나 혼자뿐이었다. 다들 나를 쳐다봤고 고개를 갸우뚱하는 이도 있었다. 다 큰 사내아이 휘어잡을 아귀 센 여장부쯤으로 봤는데 외면상으로 전혀 딴판이라 짐짓 놀라는 눈치였다.

'사내아이를 키우는 일이 여간 버거운 일이 아니며 정신적으로나 경제적으로나 지금이 가장 힘들 때이다.'며 교장선생님은 나름대로 학부모들에게 위로의 말을 전하려 했던 거였다. 졸지에 내가 이단자가 되어버린 자리였다.

큰아이는 단 한번도 부모 앞에서 얼굴 찡그린 적이 없고 또 걱정 한번 시킨 적이 없는, 정말 그런 아이였다. 언제나 어디서나 무엇을 하든 저 알아서 척척 해냈다. 우리는 그냥 가만히 지켜봐주기만 하면 되었으니 큰아이를 키운 건 거저 먹기였다는 생각이 들 정도이다. 작은아이는 사춘기 무렵에 더러 반항심도 보였지만 고맘때 겪는 통과의례 정도였다.

그러고 보니 한 시대를 주름잡은 위인들도 자식 때문에 숯검정 속으로 살았는데 비해 남편과 나는 자식 때문에 속태워 본 적이 없으니 운 좋은 사람들임에 틀림이 없다. 물론 우리 부부가 내로라하는 잘난 자식을 키워 낸 것도 아니고 요즘 애들 말로 엄친아를 키워 낸 것은 더 더욱 아니다.

자식이 부모에게 고마워하며 사는 게 일반적이라면 우리는 되레 자식을 고마워하는 부모로 살고 있으니 이만하면 자식농사는 풍작이라 여겨진다. (2010년)

# 회초리가 그리운 이유

큰 자랑은 아니지만 나는 한자를 웬만큼 읽을 줄 안다.

읽을 줄만 알지, 쓰기까지 가능한 것은 읽는 것의 삼분의 일도 안 되는 실력이지만 그래도 나의 한자 실력이 자랑스럽다.

작은애가 한자 2급 자격증을 땄는데 저도 자랑스러운지 합격증을 내 코앞에 들이밀며 "나, 이런 사람이야!"를 연발했다.

나는 그 흔한 자격증 하나 없다. 고등학교 졸업한 이후, 따로 겨를 내어 한자 공부를 한 적은 없지만 2급 자격증을 딴 아들 녀석과 견주어도 내 실력이 결코 처지지 않을 것만 같다.

내 한자 실력은 순전히 중학교 때 만났던 한문 선생님 덕분이다. 그때 선생님께서 어찌나 매섭게 닦달하시던지….

한자시험(요즘의 쪽지시험)을 시간마다 쳤으니 공부를 안 하고는 배겨날 재간이 없었다. 회초리를 가지고 다니면서 시험성적이 나쁘면 가차 없이 틀린 개수만큼 손바닥을 때리셨다.

만약 요즘 아이들이 그런 일로 손바닥을 맞았다면 폭력이다 뭐다 해서 동영상 찍어 대번 인터넷에 돌리거나 경찰을 부르거나 했을 것이다.

격세지감이다. '공부해서 남 주나'라는 모토로 예전의 선생님들은 실력 향상을 위해서라면 체벌도 불사했다.

물론 그 시절이라고 다 그랬던 건 아니다. 나는 고등학교 때 제 2 외국어를 두 과목이나 배웠다.

1학년 때는 일본어를, 2학년 때는 독일어를 배웠다. 그런데 부끄럽게도 나는 일어나 독어를 읽을 줄도 쓸 줄도 모르는 반거들충이에 지나지 않는다. 기초적인 단어만 50개 정도 알고 있을 뿐이다. 1년씩이나 배운 공부가 이토록 형편이 없는 건 그럴만한 이유가 있다. 선생님 잘못 만난 탓이라고 한다면 불경스럽기 짝이 없는 말이지만 사실은 사실이다.

당시 우리학교 선생님들 대부분이 경북대 출신인데 비해 일어 선생님은 서울대 출신이었다. 일어 선생님은 하늘을 찌를 듯한 자긍심으로 구렁이 제 몸 추어올리듯 끝간데없는 자랑을 늘어놓으셨다. 나중에는 희소가치마저 반감되어, 자랑도 흰소리로만 들릴 지경이었다. 청천백일은 소경도 아는 법인데 서울대 입학하려면 학교 다닐 때 공부 잘했다는 자랑은 하나마나가 아닌가.

서울대 재학시절 교내 문예대전에서 소설로 대상을 받았다느니, 하숙집 앞에 여학생들이 한 클래스씩 진을 쳤다느니, 일어 수업과 아무런 상관없는 자랑만하다 시간을 다 잘라 먹기 일쑤였다.

독어 선생님은 무등호인에다 물렁팥죽이었다.

어중되고 썰렁한 수업을 혼자서만 묵묵히 진행하실 뿐, 아이들이 졸거나 잡담하거나 딴짓을 해도 그러거나 말거나 하셨다. 도무지 언성 한번 높이는 법이 없었으니 학습이 제대로 될 리가 만무했다.

나 또한 독어책 밑에다 톨스토이, 헤밍웨이 소설책을 묻어놓고 살았다.

중간고사, 기말고사는 기본적인 단어나 아주 간단한 문장 해석하기에 불과했다. 영어로 치면, 'I am a boy' 'You are a girl' 같은 거라고나 할까. 그러니 벼락치기로 달달 외워도 90점이 가능했다. 점수따기는 물이고 수업시간은 자유시간이나 진배없으니 공부에 열을 올릴 사람이 없는 건 당연했다. 외국어 공부를 울기와 웃기로 가름할 때, 영어는 웃고 들어갔다 울고 나오고 독어는 울고 들어갔다가 웃고 나온다고 했다. 믿거나 말거나지만, 우리는 울 것도 웃을 것도 없이 등산으로 치자면 들머리에 앉아 도시락만 까먹고 되돌아 온 셈이다.

뒤늦게 후회를 한들 무슨 소용일까만 접시 밥도 담기 나름이라고 한다면 나는 할 말이 없어진다.

선출직 교육감이 들어선 뒤 교육계에서는 일선 교사들에게 체벌금지령을 내렸다. 행실이 불량하든 성적이 부진하든 매로 해결하려는 건 학생들의 인권을 침해하는 비교육적이라는 이유이다.

매를 들지 않고도 교육이 제대로 이뤄질 수 있다면 그보다 더 바람직한 일은 없을 것이다. 손자병법에서도 백전백승보다 싸우지 않고 이기는 게 최선의 계책이라고 했듯이.

하지만 그것이 말처럼 쉽다면 얼마나 좋으랴.

미술교과서에 실린 단원 김홍도의 '서당'이란 풍속화를 들여다보면, 고금을 막론하고 회초리는 교육을 위한 도구임에 분명해 보인다. 서당 아이들이 초달에 매여 산다는 것도 이 풍속화에서 잘 보여주고 있음이다.

훈장이 긴 회초리를 옆에 두고 언짢은 표정을 짓고 한 아이는 수업 중에 매를 맞아 울고 있다. 학동들이 웃음을 참느라 진땀을 빼는 모습은 소박하면서도 해학적이다. 왜 맞았을까? 아마도 '동몽선습'이나 '격몽요결'을 배우는 중에 복습을 안 해 와서 매 맞았을 거란 추측이 든다면 억지스러울까.

나의 학창시절을 되돌아보면 회초리의 효용가치를 결코 폄훼하고 싶지 않다. 지금 한자를 술술 읽어내는 것도 그때의 회초리 덕이라고 믿기 때문이다. 일어 선생님이나 독어 선생님도 회초리를 들어가며 매시간 쪽지시험을 치르고 성적을 맵짜게 다그쳤더라면 일어, 독어가 이렇게까지 까막눈이지는 않았을 것이다.

잘되면 제 탓 못되면 조상 탓 한다지만 이렇게 많은 세월이 흘렀음에도 일어, 독어 생각만 하면 선생님들 탓이 먼저 나오니 어쩌랴.

학창시절엔 그저 마음씨 좋은 선생님이 좋았지만 세월이 흐른 뒤에 반추해보면 마음씨 좋은 선생님보단 회초리를 들고 다니는 선생님이 더 고맙고 더 그립다는 걸 요즘 아이들은 모를 것이다.

해마다 '스승의 날'이 돌아오면 호랑이 한문 선생님이 생각난다. 선생님의 그 짜랑짜랑하던 음성도 오는 백발 앞에 많이 주눅 들지나 않으셨는지 아니. 살아계시기나 한지 오늘도 그립기만 하다. 돌아오는 스승의 날엔 카네이션 한 송이를 큰절 올리는 마음으로 준비해야겠다. (2011년)

## 왕자는 괴로워

'61세의 왕자 찰스'라는 신문기사에 내 눈길이 머물렀다. 1948년생이라면 우리나라 나이로는 환갑을 지나 올해 진갑인 셈이다.

스물 하나에 왕세자가 된 찰스는 영국 역사상 가장 오랫동안 왕위 계승을 기다려온 후계자라는 사실에 새삼 놀라웠다.

보통 사람들은 이미 은퇴를 했거나 은퇴를 생각할 나이임에도 그는 '진짜인생'을 시작도 못한 채, 준비만 40년째 하고 있는 것이다. 그런데 그의 바람을 아는지 모르는지 어머니 엘리자베스 2세는 83세의 고령에도 불구하고 여전히 정정하게 여왕의 임무를 수행하고 있을뿐더러 살아서는 왕위를 양위할 생각이 전혀 없어 보인다는 게 영국언론의 공통된 시각이다.

그도 그럴 것이 엘리자베스 2세 여왕은 영국 역사상 최장기간 재직한 왕이 되는 기록에 도전중이라 한다. 빅토리아 여왕이 63년, 조지 3세가 59년, 현 엘리자베스 2세 여왕이 57년째로 3위이니 몇 년 후면 이 기록도 너끈히 갈아치울 태세다. 그런 틈바구니에서 살아가는 찰스 왕세자도 참 하품나는 인생이겠구나 싶다.

찰스 왕세자가 어느 사석에서 오랜 기다림으로 인한 괴로운 심정을 토로했다가 구설수에 오른 적도 있었다. 독수공방에 정든 님 기다리듯 이제나저제나 어머니의 양위 날만 기다리다 머리가 하얗게 세어버린 찰스로서는 자괴감이 들만도 하겠다. 더군다나 앞으로 찰스에게 닥쳐올 최악의 시나리오도, 지금으로선 충분히 가능한 상황이 되어가고 있다니 말이다.

엘리자베스 2세 여왕의 모친은 102세까지 장수했는데 지금 83세의 여왕이 어머니의 건강을 그대로 물려받는다면 찰스 왕세자는 앞으로 20년, 그의 나이 80세가 되어서도 왕위에 오를 수 없게 된다.

설령 왕위에 오른다 해도 망건쓰자 파장 꼴이 되거나 아니면 찰스 왕세자를 건너뛰고 그의 아들 윌리엄 왕자가 바로 왕위를 계승할 수도 있단다.

찰스로서는 세월에 속아 산 후유증이 이만저만 아닐 테지만 복불복이려니 하고 이제 체념을 배우는 연습도 필요할 것 같다.

하긴 찰스 왕세자가 왕위를 물려받든 못 받든 그게 우리에게 무에 대수일까만 견몸달아 똥줄이 타는 것은 찰스왕세자 본인이고, 세계의 사람들은 그저 굿 구경하고 떡이나 얻어먹으면 그만이 아닌가.

찰스 왕세자 기사만 나오면 기를 쓰고 살펴 읽는 내 오지랖도 참

엔간찮다 싶지만 그건 비운의 삶을 살다간 다이애너비에 대한 일종의 연민일지도 모르겠다.

'있을 때 잘해' 유행가 가사보다 못하게 다이애너비 생전을 쓸쓸하게 만든 장본인 찰스에게 지구촌 사람들은 그를 별로 곱지 않은 시선으로 지켜볼 테고 나도 그 중에 한 사람이기 때문일 것이다.

고구려 제 20대 왕인 장수왕의 장수(長壽)는 이름만큼이나 경이롭다. 장수왕은 향년 97세였다. 생명과학의 눈부신 발전으로 인간의 수명을 인위적으로 늘여가는 최첨단시대에도 향년 97세라면 장수했다는 소릴 듣고도 남을 일이다. 그런데 서기 400년대라면 평균 수명이 쉰도 채 안 되는 시대에 장수왕은 그 갑절을 살았으니 가히 상상하기 힘들 정도의 장수이다. 더욱이 장수왕이 어떤 인물인가! 부왕인 광개토대왕의 뒤를 이어 한국 역사상 최대의 강성대국을 건설한 군주가 아닌가.

목숨을 말꼬리에 매단 채 평생 전장을 누비는 무장의 삶을 살았던 인물이다. 호의호식에 안빈낙도 했던 삶도 아니거늘 장수왕의 장수는 불가사의 그 자체라 해도 과언이 아닐 것이다.

순전히 장수왕의 장수(長壽)로 인해 유래된 말이 있는데 '쪼다'가 그 말이다. 쪼다는 '제 구실을 못하는 덜 떨어진 사람'을 놀림조로 이르는 말인데 바로 장수왕의 맏아들 '조다 왕자' 이야기이다.

조다 왕자는 어려서 태자로 책봉되었지만 부왕의 장수로 인해 끝

끝내 보위를 물려받지 못했다.

수십 년을 기다려도 보위에 오를 기회는 오지 않았고 조다 왕자는 아비 먼저 절명해 버렸다.

조다 왕자가 왕도 못 되고 죽었다고 하여 사람들이 '쪼다'로 불렀다 한다. 물론 정설이 아니라 항설에 불과하지만 말이다.

동서고금을 막론하고 조다 왕자나 찰스 왕세자나 왕자로 사는 고통이 필부의 삶보다 그리 나을 것도 없어 보인다.

찰스 왕세자의 기사를 꼼꼼히 읽다가 새삼 동화 속 거지 아버지의 얼토당토않은 호기와 억지가 떠오르는 건 왜일까.

불난 집을 구경하다 아들에게 '우린 집이 없으니 불 날 일도 없어 얼마나 좋으냐, 다 아비 잘 둔 덕인 줄 알아라.'고 말하지 않았던가.

만약 내 아이들에게, 고구려 조다 왕자처럼 쪼다 될 일도 없고 영국의 찰스 왕자처럼 목이 빠지게 기다리다 파방에 수수엿장수 될 일도 없으니 그 얼마나 다행이냐고 한다면 어떤 반응을 보일까.

"왕자가 아니라서 더 행복해요" 라고 할까, 아니면 "목 빠지게 기다리더라도 왕자질 한번 해봤으면 좋겠어요" 라고 할까.

아들 녀석들이 말치레에 불과하더라도 내가 듣고 싶은 말은 '왕자가 아니라서 더 행복하다'는 말일 게다. (2009년)

# 키 크다고 하늘에 별 따랴

"그럴 리가 없는데…. 다시 한 번 재어주세요."

지난 가을, 건강검진을 받으면서 키를 다시 한 번 재어 달라고 간호사에게 간청을 했다. 하지만 결과는 마찬가지였다. 불과 5년 사이에 내 키가 2cm 가까이 줄었다. 나이가 들수록 키도 줄어드는 건 알았지만 그건 예순 살 이후에나 있을 일이지, 이렇게 빨리 줄어들 줄은 몰랐다. 가뜩이나 작은 키가 줄어들었다니 나로선 아깝고도 서운했다.

나는 원래부터 또래들에 비해 키가 작았다. 일곱 살에 초등학교 들어갔다가 워낙 작았던 탓에 한 살 더 먹고 오라며 일주일 만에 퇴학 아닌 퇴학을 당했다. 요즘은 상상할 수도 없는 일이지만 그 시절에는 일곱 살이든 여덟 살이든 아홉 살이든 학교 들어가는 나이는 엿장수 마음이었다고 해도 과언이 아니다.

내 작은 키는 어머니의 유전인자 탓도 있지만 친정동기들 중에 유독 나만 작은 건 아마도 후천적인 습생 때문이리라.

성장기 때 나는 고삭부리 노릇으로 부모님 애를 무던히도 태웠다.

못 먹어서 들피지던 시절까지는 아니더라도 먹을거리가 턱없이 부족하고 귀했던 그때, 나는 왜 그리도 밥이 먹기 싫었을까. 어머니가 싸준 도시락이 늘 부담스러워 반만 먹고 반은 하굣길에 산에다 버렸다. 먹고 싶어 하는 누구에게 주지, 아까운 밥을 왜 버렸을까 싶지만 어머니께 고자질이라도 할까봐 안전하게 버리는 쪽을 선택했던 것 같다.

내 아이들이 신문에 실리는 광고를 가장 유심히 보는 건 '키 키우기' 광고이다. 키를 크게 한다는 운동기구나 신발, 영양제 등의 광고를 보는 족족 다 솔깃해 하는 눈치다.

큰아이가 초등학교 때 '소년신문'에 실린 키에 관한 기사를 나에게 보여주었다. 미래 성장가능한 키를 계산했다며 자신이 유전적으로 클 수 있는 키가 166cm밖에 안된다고 했다. 그렇게 말하는 아이의 낯빛은 어두운 기색이 역력했다.

남자 키, 여자 키 평균치도 못되는 우리 부부는, 아이들 미래의 키가 늘 염려되었던 참인데 큰아이의 말에 죄인처럼 가슴이 졸아드는 기분이었다. 그렇다고 막대한 돈과 시간을 들여가며 '성장 클리닉'에 의존하고 싶지는 않았다. 그럴 여력도 없었지만 불확실한 일에 매달려 아이들에게 희망고문 할 필요가 없다고 생각했다.

구름 속에 숨었던 태양이 구름을 박차고 나올 때처럼 희망은 뜻하지 않은 곳에서 볕뉘가 되어 주었다. 어느 날엔가 아침 TV에서 '땅꼬마' 별명을 가진 부부가 출연해, 키가 186cm인 아들 키를 자랑했다.

내 눈이 번쩍 뜨이는 건 당연했다. 아버지 키 165cm, 어머니의 키가 154cm 라니, 우리 부부의 키와 어금지금하게 맞는 것도 나를 한껏 고무시키기에 충분했다.

'그럼 우리 아이들 키도 186cm가 될 수도?' 나는 혼자 복이야 명이야 하며 빙그레 웃었다. 내 아이들의 고민을 일거에 타개할 희망이 생긴듯하여 마음은 이미 구름 위를 떠다니고 있었다.

아이들에게 이 부부의 이야기를 들려주며 유전적인 키에 지레 얽매이지 말라고 조언해 주었다. 아이들도 적잖이 위로가 된 듯 그날부터 키 크기에 훼방꾼인 탄산음료를 멀리하고 흰우유만 마셨다. 키 키우느라 애면글면한 덕분으로 큰아이와 작은아이의 키는 유전적인 한계를 훨씬 뛰어넘어 172cm 174cm로 각각 자랐다. 물론 요즘 아이들 기대신장에는 다소 부족하지만 키로 인해 콤플렉스에 시달릴 정도는 아니라서 나는 그것만으로도 충분히 고마울 따름이다.

지지난해인가, TV오락 프로에 출연한 한 여대생이 '남자의 키가 180cm 되지 않으면 루저(loser)다' 라고 발언해 세상이 떠들썩하도록 망신을 당했다. 키 작은 것도 속상한데 우리가 실패자 소리까지 들어야 하냐며 남자들은 분기탱천했고 인터넷을 통해 삽시간에 그녀의 신상정보가 까발려졌다. 작은 키로 인해 정신적 손해를 입었다며 그 여대생을 고소하는 남자들까지 생겨났다. 한동안 인터넷을 뜨겁게 달구다가 잠잠해지기는 했지만 루저 발언으로 그녀가 치른 대가는 실로 혹독했다.

루저 발언이 세태를 반영하듯 대부분 큰 키를 선호하고 키가 곧 경쟁력인 시대에 살고 있음을 아무도 부인할 수 없으니, 세상은 참으로 무상하다는 말 밖에 달리 표현할 길이 없다.

실제 알고 보면 옛적 우리나라에서는 장신(長身)에 대해 부정적인 면이 더 강했다.

'사천왕 지팡이다' '키 크고 싱겁지 않은 사람 없다' '사근내 장승만하다' '봉산 수숫대 같다'는 속담도 그렇거니와 '키 큰 놈은 빨래장대로 돌려라'는 민요도 장신을 냉소하고 있다. 또 역사에서 보더라도 거란족, 여진족의 체구가 거구로 묘사되는데 키가 크다는 것은 곧 '오랑캐족의 피'라고 하여, 큰 키를 되레 치욕으로 여겼다고 한다. 키가 자랄 무렵 돌짐을 지게 하여 물리적으로 성장을 억누르는 관습까지 있었다고 하니 요즘 아이들에겐 얼마나 무지몽매하게 들릴까.

그건 호랑이 담배 먹던 시절 이야기라 치자, 그런데 요즘 보란 듯이 실제 키 늘이기 작업이 이루어지는 곳이 있다. 언뜻 듣기에는 무슨 그리스 신화 속 이야기인가 싶지만 프로크루스테스 침대 같은 이야기가 현실에서 성행한다니 참으로 안타깝기만 하다.

그리스 신화에 프로크루스테스라는 노상강도가 있다. 길가는 사람을 잡아다가 자신의 침대에 눕혀보고는 침대보다 크면 발을 잘라버리고 짧으면 발을 잡아 늘이는 엽기적인 짓을 한다. 그래서 생겨난 '프로크루스테스 침대'는 자신이 세운 일방적인 기준에 다른 사람들을 억지로 맞추려는 아집과 편견을 뜻하는 용어가 되었다.

그런데 짧은 다리를 잡아 늘이는 '사지연장술'이 현대판 프로크루스테스로 눈총 받고 있다. 키 몇 센티 늘이려고 막대한 시간, 비용, 그리고 부작용의 위험까지 감수해야 한다면 무모한 선택이 아닐 수 없다. 장사로 치자면 그것은 무조건 옥장사이다. 멀쩡한 다리에 철심을 박는다든가 다리를 절개하여 안에 고정나사를 박아 억지로 키를 늘이는 수술이라니, 나는 저절로 오금이 저리고 몸서리가 쳐진다.

키 작은 사람이, 키 큰 사람보다 이병률(罹病率)이 낮고 수명도 길 뿐더러 건강유지에 갑절이나 경제적이라는 인간 수명 연구 결과가 많다고 한다.

키 작은 사람들에게 이런 연구 결과가 조금이라도 위안이 되었으면 좋겠다.

아니, 키의 높낮이로 사람의 능력까지 평가하려 드는 사회풍조부터 바뀌었으면 더 좋겠다. 그러면 루저(loser)발언 파문도 더 이상 일어나지 않을 것이고 일부러 키 키우려는 현대판 프로크루스테스도 없을 테니까.

이제 키가 줄어들고 있는 나이에서 나는 지난날을 되돌아본다. 내가 작은 키로 살았다고 마냥 억울하고 손해만 봤을까. 그건 절대 아니다.

학창시절, 작았기에 선생님들에게 귀여움을 더 많이 받았고, 버스를 탔어도 남학생들의 보호본능을 자극해 내 책가방을 더 많이 받아주지 않았던가.

작은 키로 누린 반대급부도 보이게 또는 보이지 않게 많았는데 이 또한 인생사 공평함이라면 공평함 일 것이다.

키 큰 사람이 절대적으로 유리한 농구선수가 아닌 바에야 키가 경쟁력일 수 없다는 게 나의 생각이다.

"키 크다고 하늘에 별 따더냐?"고. 키보다 사람 됨됨이를 중히 여기던 고향 어른들의 일성(一聲)이 오늘따라 귓전에 쩡쩡하게 와 닿는다. (2011년)

# 내가 헬리콥터 엄마일까

누웠다 일어났다 하기를 수차례, 시간이 새벽 3시에 이르렀다. 잠은 어디쯤에 오고 있는지….

아무래도 건밤새울 듯하다. 베란다 창을 열자, 영하 10도의 강추위가 나를 방 밖으로 끌어낼 듯이 확 달려들었다.

'겨울날 따뜻한 방안에 앉아 방 밖의 사나운 풍세소리를 듣는 행복감을, 작고 흔한 것이라고 생각하면 죄 된다.'던 목성균 선생의 수필한 구절이 떠오른다.

작은아이 걱정만 아니라면 나도 이 순간 따뜻한 방안이 얼마든지 고맙고 행복할 것이다.

'녀석은 지금쯤 귀잠에 빠져 있을까, 아니면 단배를 곯려 놓아 잔뜩 스트레스를 받고 있을까.' 작은애가 51기 ROTC에 선발되어 첫 동계훈련을 떠난 지 5일째다. 든 자리는 몰라도 난 자리는 안다고 하는데 하물며 내 살붙이인 자식이 집 밖에 나가 한뎃잠을 자고 있는데 어찌 어미 된 자가 발편잠을 잘 수 있을까. 들락날락대다가 소파에서 말뚝잠으로 겨우 아침을 맞았다.

'내가 대신 훈련을 받아줄 수만 있다면 참 좋겠다.'고 아침 밥상머리에서 한 내 말에 남편이 버럭 화를 냈다.

지난 일들까지 소급해서 남편은 조목조목 마뜩잖은 소리를 늘어놓았다.

"애들 운동화 끈은 왜 번번이 당신이 매는데? 숙제는 제 손으로 해야지, 왜 당신이 더 많이 해줘? 준비물이 있으면 저 스스로 준비하게 해야지, 왜 당신이 다 준비해줘?"

"어설퍼 보여서 그렇지요."

"어설프든 말든 무조건 제가 하게 내버려둬야지. 몇 번의 시행착오를 겪다보면 스스로 해결책을 찾게 마련이야. 설령 돌부리에 넘어져 주저앉았더라도 스스로 털고 일어날 때까지 기다려야 한다구. 당신이 일으켜 세우려고 하면 넘어질 때마다 누군가의 도움을 기대하게 될 텐데, 그것은 의타심만 키울 뿐이지. 우린 그냥 뒤에서 지켜봐주면 되는 거야."

내 훈육방식이 틀렸다며 남편에게 말들은 게 한두 번이 아니지만, 나는 뭐든지 내가 도와줘야만 미덥고 안심이 되는 건 사실이다.

지난 가을의 일이었다. 육군 장학생으로 선발된 작은아이가 ROTC를 겸하다보니 일 년에 한 번씩은 반드시 신체검사 받아야 했다. 국군수도병원에서 받아 온 검사에는 혈압이 정상수치보다 높게 나왔다. 일시적인 현상일 수도 있으니 일반 병원에 의뢰해 '24시간 혈압감시기' 체크를 받아오라고 했다. 며칠 뒤, 일반 병원에서 '정상혈압'이라는 판정을 받은 뒤 '검사결과표'를 갖다 주려고 국군수도병원 신검과에 전화를 했다. 엄마인 내가 가져가도 되느냐고 물었더니 수화기 속에서 흘러나오는 목소리는 까칠하기가 풀 먹인 삼베 같았고, 깍두기처럼 깍둑깍둑 육각형으로 각이 진 말투였다.

"안됩니다. 여기는 군대입니다. 부모님이 하실 일은 아무것도 없습니다. 학생 본인이 직접 가져와야 합니다."라고 말한 뒤 툭 끊어버렸다. 아이가 중간고사 기간이라 국군수도병원이 있는 경기도 분당까지 가려면 적잖은 시간을 소요해야 하는데, 천날 먹고 만날 노는 내가 좀 갖다 주려 했다가 오지게 무안만 당하고 말았다.

여느 부부도 마찬가지겠지만, 남편과 나는 성장기 훈육방법이 많이 다른 환경에서 자란 탓에 아이들 문제로 가끔 으깍이 날 때가 있다. 눈 먹던 토끼, 얼음 먹던 토끼 다 각각이라지만 어느 방법이 옳으냐를 놓고 보면 단연 시부모님들의 훈육방법이 옳다는데 나는 동의한다.

남편의 형제는 육남매인데 큰 부자는 없어도 고만고만하게 살림은 탁탁한 편이다. 서로에게 짐이 되지 않도록 열심히, 그렇게 의초롭게 살아가는 분들이다. 그 밑바탕은 엄격하신 시아버지의 훈도 덕분이리라. 반면 내 친정 동기들은 늘 명치끝을 알알하게 만든다. 홍역과 파상풍으로 여덟 자식 중에 절반을 잃은 부모님께서는 반타작이 된 자식 넷을 유난스러울 정도로 애지중지 하셨다. 내 부모님의 자식 훈육은 물고기를 잡는 방법이 아니라, 당신들께서 직접 고기를 잡아 주는 방법이었다. 그 때문인지, 우리 4남매는 심성은 반듯하지만 유약하기 이를 데 없고 현실을 헤쳐나가는 깜냥 또한 부족하여 이젠 밥 걱정 하며 사는 형편들이다.

내가 아이들에게 무엇이든 대신해 주려고 안달하는 건, 아마도 어머니에게 물려받은 과잉보호의 유산이 아닌가 싶다.

요즘 신조어로 '헬리콥터 엄마' 라는 말이 있다. 항상 자녀 주변을 맴돌며 하나에서 열까지 간섭하고 과잉보호하려는 엄마를 지칭하는 말이다. 그렇지만 나는 결코 헬리콥터 엄마가 아니다. 극성엄마도 아니다. 다만 아이들이 제 손으로 버거워하는 일이나 더 신속하고 효율적인 일처리를 위해 내 손을 필요로 할 때 내가 팔 걷고 나서는 게 좀 도드라질 뿐이다.

'헬리콥터 엄마'가 일으키는 물의가 사회 곳곳에서 뉴스거리가 되고 있다. 가령 아이가 학점을 잘 받아오지 못하면 담당교수에게 전화로 항의를 하기도 하고, 학점을 구걸하는 것도 헬리콥터 엄마들의 몫이란다. 또 자식을 군대에 보내놓고는 부대 소대장에게 매일 전화해 자식의 안부를 챙기는 것은 물론 아들의 목소리를 들려달라는 말도 서슴지 않는다고 한다. 아이가 어릴 적에는 어느 정도 과보호가 수긍이 되지만 성인이 된 아이에게까지 따라다니며 과잉보호 하려는 건 변명의 여지없이 지나친 처사다. 아이에게 나이에 걸맞은 자율과 책임을 부여해야 함에도 헬리콥터 엄마들의 극성은 아이 스스로 성장해 나갈 기회를 송두리째 앗아가 버린다는 게 가장 큰 문제이리라. 엄마 없이는 아무것도 못하는 어른 피터팬만 양산해 놓은 헬리콥터 엄마들의 자성이 진정 필요한 때이다.

혹여나 시나브로 내가 그런 우(愚)를 범하고 있지나 않은지 이제부터라도 남편의 걱정어린 잔소리를 천천히 곱씹어 볼 생각이다.

작은애가 3주간의 훈련을 잘 받고 듬쑥하게 귀가하는 날을 손꼽아 본다. 아이는 한 뼘쯤 더 자라서 올 테고 나는 두 뼘 더 멀찌가니 물러서서 아이를 지켜봐 주면 될 것이다. 조바심을 거두고 느긋하게 기다려주는 마음을 가지는 게, 내가 당장 해야 할 숙제인 것 같다.

(2011년)

# 철표어머니 되십니까

강물아 흘러 흘러 어디로 가니?
넓은 세상 보고 싶어 바다로 간다.

내정보 흘러 흘러 어디로 가니?
넓은 세상 보고 싶어 중국에 간다.

1절의 아름다운 동요를 2절에서 엉뚱하게 개사(改詞)해 어느 블로그에 올려놓은 걸 보았다. 세태를 꼬집는 패러디이지만 섬뜩한 것도 사실이다.

첨단 디지털 시대에 살자니 컴퓨터는 떼려야 뗄 수 없는 필수품이 된 지 오래다. 이제 일상생활 대부분이 컴퓨터와 맞닿아있는 세상인데, 컴퓨터를 이용하려면 개인정보를 요구하지 않는 사이트는 거의 없는 실정이다. 자신의 정보를 움켜쥐고 내놓지 않으면 컴퓨터는 읽기도 쓰기도 가로막아 사용자를 단박에 왕따시켜 버리니 정보를 내놓지 않을 수도 없는 노릇이다.

누구나 한두 곳 이상의 포털사이트에 신상정보를 남겼을 테니 그 어마어마한 정보량은 상상을 초월할 것이다. 또 전자상거래마다 확보한 회원 수만큼 개인정보도 넘쳐난다. 이런 개인정보가 해킹 당하고 본인 몰래 매매까지 이뤄진 뒤 국내는 물론, 중국 동남아까지 줄줄 흘러다니는 게 실제 포착되었다. 참 소름 끼칠 일이다. 유령처럼 떠도는 신상정보가 자신도 모르는 사이에 특정회사 마케팅에 활용되고 듣도 보도 못한 사이트에 덜컥 가입이 되어 있고 나아가 범죄에 이용되어 맹문도 모른 채 곤욕을 치르는 사람도 부지기수다.

시도 때도 없이 걸려오는 전화 또한 이런 정보유출과 무관하지 않을 텐데 그 중에서도 가장 죄질이 나쁜 것은, 가족납치 보이스피싱이 아닐까싶다. 그 피해를 겪어 본 사람이라면 체머리를 흔들고 말 것이다.

몇 해 전에 겪은 보이스피싱으로 인해 나는 한동안 전화벨소리만 들어도 가슴이 철렁 내려앉았다.

큰아이가 대학 3학년 때였다. 매일 오수를 즐기는 나에게 최대 훼방꾼은 단연 전화벨이다. 낮잠을 깨우는 요란한 벨소리가 달가울 리 만무해 심드렁하게 수화기를 집어 들었다.

"철표어머니 되십니까?" 우악스러운 중년 사내의 목소리에 화들짝 놀라 일어나 앉았다.

“예. 그렇습니다만, 누구시죠?”

“지금 댁에 아들 철표가 팔 다리가 부러지고 머리도 다 깨졌습니다.”

하늘이 노랗다는 말이 뭔지 그 순간 처음 알았다. 큰아이는 원래 속이 깊고 찬찬해서 누구랑 시비 붙을 일도 없는 아이인데, 팔 다리가 부러지고 머리가 깨졌다니….

혼비백산 해 어쩔 줄 모르는 나에게 남자는 이내 마각을 드러냈다.

“3천만 원을 지금 당장 부쳐주시오, 안 그러면 당신 아이 목숨은 우리도 장담 못합니다.”

수화기 너머에서 철퍼덕철퍼덕 매질하는 소리가 들렸다. 악패듯 울어대는 목소리도 들렸다. 남자는 더욱 거친 말투로 재우치며 나에게 돈을 요구했다. 그때 나는 반쯤은 정신이 나가 있는 상태였을 것이다.

“제발 우리아이 목소리라도 좀 들려주세요! 제발요.” 나의 절규에 남자는 아이를 끌고 오라고 패거리들에게 명령하는 것 같았다. 수화기 너머에서 들려오는 아이의 목소리는 다급하고 절박했다.

“엄마, 나 좀 살려줘, 나를 죽여 버린대. 제발 좀 살려줘.” 울며 애원하는 아이의 목소리를 듣는 순간, 내가 보이스피싱이라는 걸 당하고 있음을 짐작할 수 있었다. 아들 또래의 목소리이긴 한데 그 아이는 서울말을 쓰고 있었다. 우리 아이들은 경상도 말을 쓰기 때문에 내 아이가 아님을 단박에 확신할 수 있었다. 내 아이도 아닌데 내가 똥줄 탈 일이 뭐란 말인가. 남자를 골려먹을 심산으로 나는 야지랑스레 통화를 이어나갔다.

“나는요, 하루 벌어 하루 먹고 사는 사람이라서 먹고 죽을 돈도 없고요. 설령 있다손 치더라도 주기가 싫은데 어쩌죠? 그 아이가 우리 아이인지 아닌지도 목소리만 듣고서는 잘 모르겠거든요.”

돈 요구가 여의치 않아지자 남자는 선불맞은 호랑이 뛰듯 나에게 육두문자를 퍼부며 전화를 끊어버렸다.

적반하장도 유분수지, 치도곤이라도 구해서 늘씬하게 패주고 싶은 게 누군데…. 아주 납청장을 만들어 놔도 시원치 않을 불망나니들인데…….

겁보따리인 내가 어디서 그런 깐족댈 용기가 났는지 아무리 생각해도 모를 일이다. 그날 내내 가슴이 쿵쾅거리고 다리가 후들후들 떨렸다. 집에서 무슨 일이 있었는지 알 리가 없는 아이에게 어디에 있느냐는 문자를 날렸더니 ‘아직 수업 중이에요’라는 답장이 날아왔다.

그 후로도 “철표어머니 되십니까?” 라는 전화를 네 번이나 더 받았다. 그럴 때마다 그들은 똑같은 레퍼토리로 협박에다 돈을 요구하지만 나는 느긋하게 듣고만 있다가 막판에 언걸 먹여 버리는 수법을 취한다.

“니들 맘대로 하세요!”라고 한 뒤 수화기를 내려놓는 게 그것이다.

이름까지 알고 전화를 한다는 건 불특정 다수에게 무작위로 거는 전화가 아니다. 내 아이 신상정보가 그런 날속한들 손 안에 있다고 생각하면 내 콩밭에 소가 들어와 있는 것처럼 불안하고 찜찜하다. 그러고 보니 유독 나만 보이스피싱에 단골이 된 것 같다.

아이를 붙잡아놨다며 협박하는 것 말고도 걸핏하면 우체국에 소포가 와 있다느니, 내 신용카드를 누군가가 도용하고 있다느니, 국세청에서 세금을 환급해 준다느니 별의별 구실을 다 대며 나에게 협잡질하려 든다. 저 무뢰배들은 내가 문문한가. 내가 그리도 수월내기로 보이는가 말이다.

개인정보 공개가 두렵다고 인터넷을 아예 끊고 살 수도 없는 노릇이다. 구더기 무서워 장 못 담가 먹는 사람은 없듯이 말이다.

아날로그 시대에서는 결코 일어나지 않았을 범죄들이 날로 흉포화 지능화 되고 있는 이즈음에 스스로가 자신의 정보를 잘 관리하고 조심하는 것만이 그나마 낭패를 줄이는 길일 게다. 인터넷 세상이 만사형통인가? 긍정도 부정도 할 수 없는 세상에서 나는 오늘도 바보 같은 질문만 허공을 향해 주절거린다. (2011년)

# 배워서 남 주나

언제 퇴출 되었는지 모르지만 목청껏 멸공을 외치며 제식훈련 받던 교련시간이 있었다. '교련'이 뭔지 그런 과목이 있었는지조차도 요즘 아이들에게는 생소할 테지만 70년대에 고등학교를 다닌 사람들이라면 싫든 좋든 '학도호군단'의 얼룩무늬 교련복 추억을 쉬이 잊지 못하리라.

학창시절, 나는 수학시간 만큼이나 교련시간을 싫어했다. 뙤약볕이 내리쬐는 날에도 아랑곳하지 않고 운동장에서 제식훈련을 하려면 여간 힘든 게 아니었다. 군가를 부르며 일사불란한 동작을 연출하기가 여학생들로서는 이래저래 수월찮은 일이었다.

비가 오는 교련시간은 제식훈련을 안 받아서 좋았지만, 강당에서 응급구조법을 배웠다. 하기 싫은 일을 하려면 오뉴월에도 손이 시리다고 하듯, 그 일 또한 구두덜대기 일쑤였다.

"우리가 이런 거 왜 배워야 해? 전쟁이 날 것도 아닌데."

"이 녀석들아, 배워서 남 주나? 쓸모가 있건 없건 뭐든지 배워두면 좋은 거지!" 교련 선생님은 우리의 불평을 어느 틈에 귀여겨듣고는 이렇듯 말추렴을 하시곤 했다.

써먹지도 않을 걸 왜 배워야 하느냐와 써먹지 않더라도 배워둬야 한다는, 선생님과 우리의 의견은 늘 상충되었지만 교련 수업을 건성으로 하는 법이 없었다. 내가 교련시간이 싫었던 건, 남달리 방향감각이 둔한 탓에 늘 실수의 연발이었기 때문이다.

'우향 앞으로 가!' '좌향 앞으로 가!' 구령 때마다 나는 반대방향으로 가는 고문관 노릇을 도맡아하다 옆 친구와 부딪기가 다반사였다. 선생님에게 혼쭐나는데 이골이 났으니 어찌 교련시간이 좋을 수가 있을까.

그런데 30년도 더 지난 지금, '배워서 남 주나' 하시던 교련선생님의 말씀이 새록새록 되살아나면서 이토록 고맙게 내 생활에서 쓰이게 될 줄이야….

작은애가 ROTC 사관후보생이 되어 첫 동계훈련을 앞두고 혼자 연습을 하느라 여념이 없었다. 갓 배운 제식동작과 군가가 채 몸에도 입에도 배지 않아서인지 고군분투 중이었다. 동작은 엉성하고 군가는 박자가 맞지 않고 동요인 양 흐느적댔다. 모름지기 군가란 풀이 잘 먹은 삼베처럼 힘이 바짝 들어가야 제격이 아닌가.

답답한 마음에 설거지를 하다 말고 내가 거들었다. 절도있는 제식동작을 가르쳐 주고 싶었지만 마음만 앞설 뿐 엉성하기는 저나 나나 어금지금했다. 대신 군가는 자신이 있었다.

'동이 트는 새벽꿈에 고향을 본 후 / 외투입고 투구 쓰면 맘이 새로워
거뜬히 총을 메고 나서는 아침 / 눈 들어 눈을 들어 앞을 보면서
물도 맑고 산도 고운 이 강산위에 / 서광을 비추고자 행군이라네.'

내가 '행군의 아침' 군가를 거뜬하게 부르자, 아들녀석은 어리둥절해 했다. 제 엄마가 군가를 알고 있으리라곤 상상도 못했었나 보다. 아이가 숙달될 때까지 여러 번 교정을 거듭했더니 군가에 제법 힘이 느껴졌다. 배워서 써먹지 않더라도 배워 놔야한다는 교련선생님의 말씀이 짜장 옳았다.

아이들이 어렸을 때 넘어져 더러 무릎이 까지는 타박상을 입곤 했는데, 그럴 때마다 교련시간에 배웠던 응급구조법을 차지게 써먹었다. 만약 배우지 않았더라면 붕대를 매끄럽고 가지런하게 감아내지 못했을 것이다.

살면서 두고두고 고마울 때는 또 있다. 가정시간에 배운 전기코드 연결하기가 그것이다.

콘센트와 플러그를 연결하고 소켓에 전선을 연결해 전구가 켜지는 과정을 손수 만드는 것인데, 그때도 우린 자발없게 선생님 뒷전에서 볼통거렸다.

“여자가 이런 거 배워서 뭐하나, 남자들이 다 알아서 할 텐데….”

호랑이 가정선생님은 우리들의 불만을 못 본 척 못 들은 척, 한 사람의 낙오도 없이 전원 통과할 때까지 회초리를 들고 맵짜게 가르치셨다.

내가 연결한 전선으로 전깃불이 들어 왔을 때 그 성취감은 이루 말할 수가 없었다. 그것은 자신감을 밝히는 빛이기도 했다.

그때 가정선생님이 가르쳐주신 전기선 연결은 실생활에서 올지게 쓰이곤 한다. 전선이 낡고 피복이 벗겨져 위험하다 싶으면 나는 공구함을 열어 금세 뚝딱 고쳐 놓는다. 다리미, 헤어드라이기 플러그가 조금이라도 너덜거리면 내 손으로 고쳐놓아야 직성이 풀린다. 물론 남편의 솜씨는 전파사를 차려도 밥굶지 않을 만큼 잔재비가 뛰어나다. 내가 굳이 팔 걷어붙이지 않아도 되지만 내 침 발라가며 꼰 새끼가 제일이라 하듯이 스스로 해내는 재미가 더 쏠쏠하다.

배워서 안 써먹는 것과 못 배워서 못 써먹는 것과의 차이는 천양지차라는 걸, 교련선생님과 가정선생님이 확연히 가르쳐 주신 셈이다.

‘배워서 남 주나’라고 목청을 돋우던 예전의 선생님들처럼 요즘도 그런 선생님들이 많았으면 하는 마음이 간절하다. 그것이 살아있는 교육이기에. (2010년)

## 말실수

케이블 TV 채널에서 봤던 영화 '마리앙투아네트'는 내 머리 속에 깊이 각인되어 있는 영화다. 화려한 영상미가 압권이었지만 마리앙투아네트의 화려한 이면에 가려진 서른여덟 해의 쓸쓸한 삶이 영화 곳곳에 투영되어 마음이 짠했기 때문이다.

마리앙투아네트는 프랑스 왕 루이 16세의 왕비로, 후세 사람들은 그녀를 호화롭고 방탕한 생활의 대명사쯤으로 기억한다. 마치 그녀의 사치 때문에 프랑스 재정이 거들나서 프랑스 혁명이 발발하기라도 한 것처럼 말이다.

영화 속의 마리앙투아네트는 실제 파티를 즐겼고, 화려한 장신구를 몸에 치렁치렁 감았고 딸기케익을 입에 달고 살았으며 또 국고로 자신의 정원을 호화롭게 꾸몄다.

전제군주국에서 왕비가 그렇게 사는 게, 당연하지는 않더라도 받아들이려면 못 받아들일 것도 없는 일이다. 그럼에도 마리앙투아네트가 오직 사치만 일삼다 간 여인으로 애먼 소리를 듣는 데는 아마도 이 말이 결정타였을 것이다.

"우리에게 빵을 달라!"고 외치며 베르샤이유궁전 앞에서 시위하던 군중을 향해 "빵이 없으면 케이크 먹으면 될 것 아니냐!"라는 망솔함 때문이다.

이 망언을 실제 마리앙투아네트가 했는지 확인할 길이 없어 진실이 뭔지는 알 수 없지만 오늘날까지 '마리앙투아네트의 빵'이 세인의 입길에 오르내리고 있는 건 분명한 사실이다.

어느 날 인터넷을 열어보니 마리앙투아네트의 말과 조금도 다를 게 없는 말이 뭇사람들에게 모다깃매를 맞고 있는 중이었다.

올해는 유난히 비가 많이 내렸다. 비가 잦으면 채소 값이 폭등하는 것쯤은 삼척동자도 다 아는 사실이다. 채소는 발육조건이 맞지 않으면 아예 밭에서 물러버리거나 제대로 자라기 전에 조잡들게 마련이다.

수요는 많은데 공급이 턱없이 부족하다보니 가격은 천정부지로 치솟을 수 밖에 없는 구조인데도 성난 민심은 배추공급 부족을 날씨 탓이 아닌 어느 특정인 탓으로 돌려야 직성이 풀릴 기세였다. 그 특정인은 물론 대통령이었다. 울고 싶은 아이에게 뺨때린 격으로 일국의 대통령이 했다고는 믿어지지 않을 '배추 값이 비싸면 양배추 먹으면 될 거 아닌가.' 이 한 마디가 시빗주비들에게 확대 재생산되어 연일 인터넷을 달구었다.

그 무렵에는 배추 값이 비싼 만큼 양배추 값도 비쌌다. 그보다도 두 채소는 경제용어로 보자면 대체재가 아닌 독립재였기에 더 빈축거리가 되지 않았나 싶다. 빵 대신 케익은 먹을 수 있지만 대한민국에서 배추 대신 양배추로 김치 담가 먹는 사람은 없기 때문이다.

말실수라는 게, 상대적으로 지위가 높고 많이 가진 자가 그렇지 못한 사람에게 한다면 그것은 더 큰 박탈감을 안겨 줄뿐 아니라 가슴에 비수처럼 꽂혀 상처 또한 배가(倍加) 된다.

몇 달 전 작은아이를 데리고 동네 정형외과를 찾은 적이 있었다. 유도를 하는 아이가 낙법을 하던 중에 삐끗했다며 팔꿈치에 통증을 호소했다. ROTC 2차 시험인 체력검정이 바투 다가왔는데 최상의 컨디션을 유지해야 할 시점에서 팔꿈치 통증은 여간 낭패가 아니었다. 팔굽혀펴기와 윗몸일으키기 시험엔 팔꿈치 부상이라면 말짱 황이 되고 마는 것이다.

엑스선 사진을 들여다 본 의사는, 근육이 좀 놀랐을 뿐 별 이상은 없다며 며칠 물리치료 받기를 권했다. 그러고는 왜 ROTC를 지원했냐고 물었다

“네, 우리 아이는 장차 군인의 길을 가려고 합니다. 일단 ROTC를 지원해서 장기복무를 하려고요”

“아 그래요? 직업군인의 길을 가려면 애초부터 사관학교를 지원했어야죠.” 라고 했다. 지름길을 두고서 왜 에움길로 가느냐고 핀잔하

는 것처럼 들렸다. 의사선생님은 내 아이가 ROTC를 향한 자부심을 모르고 한 말이겠지만 그다지 기분이 좋지 않았다. 남편에게 의사선생이 한 말을 전했더니 빙그레 웃었다. 예전에 내가 한 말실수를 떠올리고 있었나보다.

내가 편지마을 동인이 된 지는 9년 전이다. 전국에 편지쓰기 좋아하는 소박한 여인들이 모여 문학과 정을 나누는 모임이다. 그곳에서 만난 문우 중에 P씨는 나랑 동갑내기라서 더 각별하게 지냈다. 모임을 마치고 함께 걸어오면서 P씨가 집문제로 걱정하고 있었다. 살고 있는 집에서 월세를 더 올려달라고 해서 이사를 할 수도 없고 고민이라는 것이다. 나는 해결책이랍시고 거들었다.

"다달이 월세 나가면 돈 아깝잖아요. 이참에 아주 전세로 옮기지 그래요." 라고 했더니 P씨는 잠자코 듣고만 있었다.

남편은 나더러 말실수를 한 거라고 했다. 누군 전세 옮길 줄 몰라서 안 옮기겠냐며.

'아차, 그랬구나!' 나는 P씨에게 어찌나 미안하던지 망발풀이라도 하고 싶었지만 그럴 용기조차 나지 않았다. 철없는 아이도 아니면서 세상 물정을 왜 그렇게 몰랐을까. P씨는 내 말이 얼마나 아팠을까. 나는 P씨만 보면 내가 진 말빚 때문에 늘 마음이 무거워지곤 했다. 망언이든 말실수든 오십보백보가 아닌가.

'말의 신중함'은 백번 강조해도 지나침이 없어 보인다. (2010년)

## 예의, 있음과 없음의 차이

해거름에 저녁 찬거리를 사서 돌아오는 길이었다. 중학생으로 보이는 앳된 소녀들이 내 옆으로 다가오더니 느닷없이 돈을 내밀었다. 웬 돈이냐고 물을 새도 없이 소녀들은 나긋나긋한 목소리로 편의점을 가리키며 나더러 담배를 좀 사다 달라는 거였다. 너무나 당돌한 부탁에 나는 기가 막혔다.

"너희들 이러는 거, 네 부모님들도 아시니?"

"알든 말든 아줌마가 무슨 상관이세요? 됐거든요. 아유, 짜증나 정말!"

내 말이 끝나기 무섭게 아이들은 조금 전의 나긋나긋함은 간곳없고 금세 왈짜패로 돌변했다. 자신들의 부탁이 묵살 당하자 거친 말투로 나를 윽지르는 아이들 모습에서 오싹함마저 느껴졌다. 잰걸음으로 그 자리를 벗어났지만 내 비겁함에 마음이 편하지 않았다. 좀 더

부드러운 낯빛으로 존조리 타일러 보든가 아니면 따끔하게 야단을 치든가 둘 중에 하나는 했어야 했다. 어물쩍 넘기며 오물 피하듯 한 내 태도는 변명의 여지없이 어른답지 못했다.

여러 해 전, 어느 교실에서 본 여학생이 불현듯 떠올랐다. 큰아이가 중학교 다닐 때 학부모 시험도우미로 위촉받은 적이 있었다. 부정행위를 사전에 방지하려는 목적으로 선생님은 앞에서 학부모 도우미인 나는 뒤에서 감시하는 역할이었다. 1교시 시험이 시작되고도 20분이 지난 뒤에야 한 여학생이 헐레벌떡 교실 문을 열고 들어왔다. 선생님은 그 아이에게 시험 치는 날에 왜 지각했느냐고 묻자,

"그런 거 알아서 뭐하시게요! 참견 마시고 시험지나 빨랑 주세요."

라며 냉랭하게 대답했다. 선생님과 여학생간의 대화를 듣고 있으려니 내 속이 천불이 날 지경이었다.

지각한 아이는 마치 벼슬하다 온 대감처럼 당당하게 굴었다. 게다가 교실바닥에 침까지 퉤퉤 뱉는 등 하는 짓이 발만스럽기 짝이 없었다. 선생님은 더 이상 상대하기 싫은지 시험지와 답안지를 건네주었다. 그 아이는 시험지를 펼쳐보지도 않은 채, 5분 만에 후다닥 OMR 카드를 작성하고는 엎드려 잠을 청했다. 선생님과 내가 혀를 끌끌 차고 있는 걸 아는지 모르는지.

'요즘 아이들은 도무지 버릇이 없다'고 말하는 어른들이 많다. 나 또한 무심결에 그런 말을 쉽게 하곤 했다.

익히 알려진 얘기지만, 3000년 전에 만들어진 이집트 피라미드에도 '요즘 애들은 버릇이 없다'는 글이 적혀 있다고 한다. 또 고대 그리스의 철학자 소크라테스도 '요즘 아이들은 사치를 좋아하고 버릇이 나쁘고 권위를 경멸하며 윗세대를 무시하려든다'는 말을 남겼으니, 동서고금을 막론하고 기성세대가 바라보는 요즘 아이들은 늘 버릇없고 인숭무레기들에 지나지 않나보다.

실제로 도처에 널린 게 버릇없는 아이들이니, 어른들의 이런 한탄이 무리는 아닌 듯싶다. 하지만 그 책임이 과연 아이들에게만 있는 걸까. 종두득두(種豆得豆)라는 말을 새겨보면 금세 이해가 가는 일이다. 문제아 뒤에는 문제 부모가 있다는 사실을….

어느 책에선가 영국인들의 '중산층 자질 조건'에 이런 것이 있었다.

'미성년자의 잘못을 보면 남의 자식일지라도 꾸짖을 수 있어야 한다.'라는.

중산층 노릇하기도 힘들겠다 싶었다. 우리나라의 중산층 조건은 순전히 경제력의 유무에 달렸는데 영국인들은 어른으로서의 사회적인 의무와 책임도 요구한다니 모골이 송연해졌다.

언제부턴가 우리 사회는 어른의 영(令)이 서지 않는 사회가 되어버렸다. 혹여 봉변이라도 당할까봐 버릇없는 아이들과 맞닥뜨려도 훈도는커녕 몸을 사리며 못 본 체하는 어른들은 또 얼마나 많은가. 작금의 현실은 그런 아이들을 보고도 수수방관한 대가이며 어른들의 자업자득이랄 수밖에 달리 설명할 길이 없다.

예절의 나무가 무럭무럭 자라도록 좋은 토양을 만들어 줘야 할 책임을 회피한 채 아이들에게 오륜(五倫)의 범절만 요구하는 것은 어른들만의 기득권이며 이기심은 아닐는지, 지금부터라도 함께 반성해야 할 일이지 싶다.

예의가 있고 없음의 차이는 사람의 마음을 천양지차로 바꿔놓을 수 있다는 걸 나는 실제 경험해 보았다.

우리 집 뒤에는 약수터를 끼고 있는 야트막한 산이 있다. 지난 가을 어느 날, 운동을 마치고 내려오던 길에 목을 축이려고 약수터로 다가갔다. 그때 너더댓 살로 보이는 꼬마아이가 바가지에 마시고 남은 물을 휙 던졌는데 내 옷에 고스란히 뿌려졌다. 옆에 있던 꼬마아이의 누나가 제 동생의 실수에 어쩔 줄 몰라했다.

"아줌마 죄송합니다" 라며 연신 고개를 숙이더니 제 동생에게도 눈짓을 주며 사과드리라고 재촉했다.

"떼송합니다" 비록 온전치 않은 발음이었지만 꼬맹이는 나름대로 격식을 갖췄고 몸짓도 정중했다. 미취학의 꼬맹이들이었지만 어찌나 예의가 바른지 그날 나는 한 바가지의 물벼락에 몇 바가지의 감동으로 되돌려 받았다.

그 아이들의 부모는 어떤 사람들일지 본 적이 없어도 저절로 머릿속에 그려졌다. 어느 때 어느 장소에 있건, 그 아이들은 누군가를 흐뭇하게 해 줄 심성 고운 아이들로 자랄거라 나는 믿어 의심치 않았다.

담배 심부름 부탁하다 거절당했다고 이내 험상궂은 얼굴로 돌변하던 소녀들과 약수터에서 만난 꼬맹이 남매를 번갈아 떠올려본다.

아직 미성년의 자식을 키우는 나로선 남의 자식 허물이라고 함부로 초들어 말할 계제는 못된다. 자식 키우는 사람은 절대 입찬말 못한다고 옛 어른들이 가르쳤기 때문이다.

내 자식부터 장유유서를 아는 반듯한 사람으로 선도하는 게, 오늘을 사는 어른으로서 부모로서 내가 해야 할 책임이리라. (2008년)

# 4. 그립다 말을 할까 하니 그리워

그 바다 위에서

서 푼짜리 재능

너에게 반했어

원고료

낮잠의 효용가치

밥값은 하고 살아야지

방자

그립다 말을 할까 하니 그리워

인도(人道) 그리고 상도(商道)

# 그 바다 위에서

1912년, 초호화 여객선이 런던을 출발해 뉴욕으로 가던 중 암초에 부딪혀 침몰한 사건이 있었다. 그 실화를 바탕으로 제작된 영화 '타이타닉'은 90여 년 전, 대서양 한복판에서 일어난 참상을 고스란히 담아냈다. 점보여객선이 좌초해 침몰하는 순간까지 삶과 죽음의 기로에 선 인간들의 심리를 탁월하게 묘사한 수작으로 전 세계인에게 호평을 받았다.

생존을 위한 처절한 몸부림의 현장에서 군상들이 빚어내는 불협화음 속에도 훈훈한 인간애는 군데군데서 숨 쉬고 있었다.

선실 안으로 점점 차오르는 물을 피하지 않고 침대에 반듯하게 누워 처연하게 죽음을 기다리던 어느 노부부의 인생 갈무리가 무척 감동적이었다. 그들은 이승에서 부부로 만난 인연을 감사하며 서로에게 작별인사를 나눈 뒤 조용히 수몰을 맞았다.

영화 '타이타닉'을 볼 때마다 이 장면은 나에게 더할 수 없는 전율과 착잡함을 안겨주곤 했다. 오래 전 난바다 위에서 내가 겪은 일이 너울처럼 밀려와 가슴을 훑고 나가기 때문이다.

십 년 전, 여름이 저만치 꼬리를 감추고 생량머리에 들어서던 때였다. 9월 초순의 어느 금요일 밤에, 나는 두 아이를 데리고 목포행 열차를 타게 되었다.

초등학교 3학년이었던 큰아이는 열차에 오를 때까지도 심드렁한 얼굴이었다. 토요일 결석해야하는 게 녀석의 성격으로 미루어 몹시 부담스러웠으리라.

낯선 곳으로의 여행에 대한 불안과 피로가 전신을 겹겹이 에워싸고 있을 즈음에 목포역에 도착했다. 개찰구 앞에서 손을 흔드는 남편을 보는 순간, 긴장은 일거에 사르르 녹아내렸다.

평소 지방 출장이 잦았던 남편과 직장 동료 세 분이 목포에서 출장 업무를 마치고 각기 서울에 있는 가족들을 불러 모은 것이다. 주말에 소흑산도 여행을 하자면서.

이튿날, 초가을의 청명한 햇살이 눈부시게 쏟아졌고 코발트빛 바다 위에는 거대한 덩치의 페리호가 끝없는 포말을 그리며 달렸다. 두 시간 남짓 달려 도착한 곳은 흑산도였다. 다시 유람선으로 갈아타고 끝없이 이어지는 망망대해의 지루한 뱃길을 헤쳐 세 시간 반 만에 겨우 소흑산도에 도착할 수 있었다.

다붓다붓한 집들로 섬마을 특유의 정겨움이 묻어나는 소흑산도는 서해안 최남단에 위치한 호젓한 섬이었다. 조그만 어선을 빌려 섬을 일주할 때만 해도 저마다 여행의 기쁨을 만끽하고 있었다. 팔딱팔딱 뛰는 생선회 맛은 뭍에서 먹던 것과는 사뭇 다른 맛이었다. 섬마을의 고즈넉한 밤풍경 또한 성찬 뒤에 맛보는 후식처럼 달콤하였다.

다음 날 소흑산도에는 아침부터 채찍비가 내렸다. 예기치 못한 기상 상황 앞에 누구를 탓하랴. 정기선이 결항되었다는 소식은 우리 일행에겐 여간 낭패가 아니었다. 내일은 각자의 일상으로 돌아가야 하는 월요일이라서 어떻게든 오늘 이 섬을 빠져나가야 하는 데는 이견이 없었다. 배를 대절해 흑산도까지라도 나가려 했지만 어선을 구하기가 쉽지 않았다. 적잖은 금액을 제시했지만 정작 선주는 시쁘둥해했다. 바짝바짝 속 태우기를 한 시간여 끌더니 아침 10시경에야 배를 띄웠다. 선착장을 떠난 지 30여분 지났을까, 배는 심하게 요동쳤다. 끝없이 밀려드는 너울에 제각기 긴장하는 빛이 역력했다. 한 시간쯤 지났을 때 배에는 넘쳐든 물로 흥건했고 배는 방향감각을 잃은 듯 기우뚱거렸다. 배 멀미로 아침 먹은 음식을 올딱올딱 게워냈지만 어느 누구도 그것을 오물로 여기며 더러움을 느낄 여유가 없었다.

집채만 한 파도가 언제 우리를 삼켜버릴지 시시각각 조여드는 죽음의 공포에 떨어야만 했다. 호랑이 굴에 들어가도 정신만 차리면 산다고 하지만 그 상황에서는 어떤 결정도 우리 의지와는 무관했다. 자연의 재앙 앞에 무장해제 당한 채 곱다시 앉은벼락을 당할 수밖에 없는 우리 일행은, 이미 덜미에 사잣밥을 짊어진 거나 진배가 없었다.

그동안 누군가에게 더 많이 베풀며 살지 못했던 것이 후회스러웠고, 내 것 손해날까봐 늘 이만의 눈금에서 아등바등했던 것도 후회되었다. 또 2주일 후면 방송국 퀴즈프로에 출연이 결정되어 있었는데 그것도 펑크 내게 돼 미안했고, 우리 부부가 5년을 알뜰살뜰 모았던 재형저축 만기일이 두 달밖에 남지 않았다는 것도 머릿속에 스쳐갔다.

그때 내 눈 앞으로 다가오는 가공할 만한 파도를 보며 나는 눈을 꼭 감고 남편의 무릎에 얼굴을 묻어버렸다.

"당신과 나, 아이들 다 함께 가는 길이라서 외롭지는 않을 거야. 겁내지 마라."

남편이 나와 아이들을 껴안으며 말했다. 나는 그것이 무엇을 의미하는지를 알고 있었다. 남편은 나에게 아이들에게 한치 앞도 모르는 상황에서 마지막 작별인사를 나누고 있는 거였다.

우리가 없는 세상에 아이들만 덩그러니 놔두고 가는 것도 못할 짓이지만 태어나 십 년도 채 못살고 갈 아이들이 가여워 가슴이 찢어질 듯 했다. 할 수만 있다면 내 아이들을 하늘 위로라도 밀어올리고 싶었다.

삶과 죽음이 동전 양면처럼 맞붙어 검질기게 넘나들며 사투를 벌인 게 두 시간이었다. 집채같은 파도가 숙지근해지자 그렇게 옥죄던 죽음의 공포도 조금씩 멀어져갔다.

6시간 만에야 겨우 흑산도에 도착했다. 목포로 나가는 페리호가 우리를 기다렸다는 듯이 서 있었다. 망망대해 일엽편주에서 아늑한 페리호에 오르는 순간 '이제 살았구나.' 하는 안도감이 들었다. 남편은 목포에 도착할 때까지 내 손에서 깍지를 풀지 않았다.

따가운 햇살아래 내다 건 빨래는 반나절 만에 바싹하게 말라 있다. 새물내가 폴폴 나는 빨래를 반듯하게 개켜서 서랍장 속으로 밀어 넣는 일은 주부에게 가장 일상적인 것임에도 나는 이 일을 하고 있을 때면 행복이 밀물처럼 밀려온다.

결혼 10주년 되던 그해, 서해 난바다에서 사선을 넘은 동지로 우리 부부는 그날이후 서로에게 가장 소중한 사람임을 잠시도 잊지 않고 있다.

누가 결혼을 연애의 무덤이라고 했던가? 또 누가 결혼하느니 차라리 중풍에 걸리는 게 낫다고 헛소리 했던가? 나는 그들을 향해 두 팔을 번쩍 들어 가위표로 팬터마임 하고 싶다. 결혼은 해도 후회하고 하지 않아도 후회하는 거라면, 해보고 후회하라고 단호히 말할 것이다. (2006년)

# 서 푼짜리 재능

TV드라마 '타짜'를 즐겨봤다.

도박판에서 벌어지는 비정한 승부세계엔 인정이라고는 눈곱만큼도 끼어들 여지가 없었다. 권모술수가 난무하고 추악함으로 얼룩진 그곳이 바로 복마전이 아닌가 싶었다. 그 백해무익한 드라마를 매 회마다 놓치지 않고 끝까지 지켜보는 내가 한심하다는 생각도 들었다. '내가 왜 이런 드라마에 붙잡혀 있지?'라고 중얼대면서도 그 시간만 되면 쇠붙이가 지남철에 이끌리듯 TV 앞에 다가앉는 내 모습에 놀랄 때가 여러 번이었다.

아이들이 초등학교 다닐 때 남편과 나는 곧잘 화투를 쳤다.

우리가 화투를 칠 때면 아이들은 신이 나서 우리 곁에 바짝 붙어 앉아 응원하는 척 하지만 속마음은 엄마가 이기든 아빠가 이기든 별

관심이 없었다. 민화투를 열 판 쳐서 만 원을 모금하는데 한 판에 벌금 천 원씩 걷는 내기화투인 셈이었다.

그렇게 걷힌 돈으로 아이들에게 피자나 통닭을 사주곤 했으니 녀석들은 입이 심심해지면 저들이 먼저 담요를 깔아놓고 우리를 부추길 때도 있었다. 남편은 애초부터 나의 적수가 못 되었다. 일부러 져주는 게 절대 아닌데도 남편은 판판이 내게 당하기만 할 뿐이다. 마치 '떡 하나 주면 안 잡아먹지' 하는 전래동화 속 호랑이처럼, 나는 죄다 껍데기를 쥐고도 남편이 쥔 광 넉 장을 몽땅 빼앗아 버린다.

남편이 무엇을 낼지 나는 이미 패를 다 읽고 있기에, 덫을 놓고 내 의도에 말려들기를 기다리면 된다. 화투 잘 치는 걸 조금도 자랑삼을 건 못 되지만, 으레 내기화투는 이기고 싶은 게 사람 마음이고 일단 이기고 보는 게 장땡이다. 비록 봉사 제 닭 잡아먹기일망정 말이다.

"당신은 무슨 화투를 그렇게 잘 치냐?"고 남편이 물어본 적이 있다.

사실 내 화투의 이력은 일곱 살 때부터였다. 겨울밤 시골 조무래기들에게 화투는 더 할 수없이 좋은 장난감이었다. 밥 먹고 하는 일이 화투치는 일 밖에 없었으니 그 내공이 엔간찮은 건 당연하다.

사람은 누구에게나 한가지의 재능이 있기 마련이라면 나는 화투판에서 상대편의 패를 맘대로 요리할 수 있는 잡기(雜技)를, 쥐꼬리 만한 나의 재능으로 꼽고 싶다.

"세상 어디에도 공떡은 없다. 조금 하면 조금 벌어먹고 많이 하면 많이 빌어먹는 게 노름이란다." 생전에 아버지께서 우리 4남매에게 귀에 못이 박이도록 하신 말씀이다. 외삼촌의 패가망신 행적을 지켜보며 노름의 폐해를 일찍부터 자식들에게 주지시켜 경계토록 하신 것이다.

내 어린 시절 외삼촌은 우리 집에 자주 오셨다. 나는 외삼촌 오시는 날이 좋았다. 외삼촌이 오시면 언제나 닭을 잡았기 때문이다. 손덕에 이밥 먹는 재미만 알았지, 훗날 외삼촌이 타고난 노름꾼이었다는 걸 알았을 때, 내 철없음을 후회했다.

외가댁은 원래 대대로 살림이 깊었는데 외삼촌이 노름으로 난봉이 나서 거덜을 내버렸다. 삼 남매 중 막내였던 어머니에게 노름 밑천 구하려고 우리 집에 그렇게 자주 드나들었던 것이다.

천수답에 버금가는 박답 몇 마지기에다 따비밭 몇 뙈기 가지고 홀앗이농사로 근근득생하는 터수를 모를 리도 없으면서 번번이 무슨 염치로 외삼촌은 동생네 손 벌리러 오셨던 걸까. 외삼촌이 우리 집에서 진대를 붙이며 삐대는 동안 안동답답이가 되어 처남을 지켜봐야 했던 아버지의 심정은 오죽하셨을까. 아버지가 아무리 무골호인인들 노름으로 분탕질한 처남이 마뜩할 리는 만무했겠다.

외삼촌은 마흔 일곱 젊은 나이에 암으로 세상을 떠나셨다. 죽음으로 비로소 노름판에 손을 씻었다니 외삼촌도 엔간찮게 한심스러운 삶을 살다 가신 분임에는 틀림이 없다.

국민 오락이니, 48페이지 동양화니, 화투에 대한 온갖 별칭이 다 있지만, 나는 아직도 그 흔한 고스톱을 칠 줄 모른다. 고스톱의 룰을 익히려 들면 금방 익힐 수야 있지만 외삼촌을 타산지석 삼아 일체 그쪽으로 눈길을 돌리지 않은 덕분이다.

가끔 TV뉴스에서 경찰이 하우스를 급습해 주부도박단을 체포하는 장면을 볼 때 나는 서늘한 기분이 든다. 만약 내 서 푼짜리 재능을 믿고 저곳에다 취미를 두었다면 나 또한 카메라를 피해 머리끝까지 점퍼를 뒤집어쓰고 책상 밑으로 머리를 숨기는 한심한 주부가 되어 있을지 누가 알겠는가.

이전에도 그랬고 이후에도 그럴 것이다. 내 화투는 남편 주머니를 상대로 치킨 값이나 알겨먹는데만 만족해야겠다. (2009년)

# 너에게 반했어

바탕이 원체 약골이라서 그런지 쉰 무렵부터 신체 여기저기서 이상 신호를 보내오기 시작했다. 초봄부터 아팠던 목을 방치한 채 초라니 대상 물리듯 두 번의 계절을 미련퉁이로 보냈다. 증세는 더하지도 덜하지도 않았지만 막다른 골목에 다다른 심정으로 근처 대학병원을 찾았다. CT까지 찍어 본 의사의 소견으로 별 이상이 없다고는 하는데 마냥 개운하지도 기쁘지도 않는 건 왜일까? 아마도 '건강'이야기만 나오면 지레 주눅부터 드는 골골이 천생 때문일 것이다.

다심스럽기만 한 내 마음과는 아랑곳없이 노랗게 물든 은행잎이 바람에 표표히 날리고 있는 11월의 거리는 입동이 바투 와 있건만 시치미를 뚝 떼고 해찰을 부리는 것만 같았다. 봄날처럼 따스한 거리를, 속씨름하며 발밤발밤 걷다보니 몇 개의 정류장도 지나쳐 왔나보다. 저만치 정류장에 서있는 버스를 보고 잔달음으로 간신히 차에 올랐다. 뒷자리에 앉은 꼬맹이가 제 엄마와 조잘조잘 나누는 대화를 듣다가 나는 화들짝 놀랐다.

"엄마, 어제 먹은 닭꼬치 맛에 반했어. 오늘 또 사줘." 하는 게 아닌가.

반했다(?) 닭꼬치가 매우 맛있었다는 표현 같은데 저 아이는 왜 하필이면 반했다는 말을 썼을까. 겨우 젖비린내 가실 꼬맹이가 쓸 어휘는 분명 아닌데 말이다. 꼬맹이의 귀여운 수다에 귀를 쫑긋거리다가 오랫동안 잊고 지냈던 그 말이 불쑥 떠올랐다.

그랬지, 내 추억의 갈피 어디쯤에도 '반했다'는 말이 있었지.

고3 시절, 내 생애 처음이자 마지막인 미팅에 나갔다가 남편을 파트너로 만났다.

"나는 첫눈에 너에게 반했어!" 까까머리에 여드름이 듬성듬성한 소년의 수줍은 고백이 별안간 몹시도 그리워지는 날이다. 핑그르르 고여 드는 눈물을 누가 볼세라 얼른 고개를 창 쪽으로 돌렸다. 뒤돌아보니 세월은 속절없이 흘러가 버렸다. 흰머리가 성성하고 반백에 이르는 동안 우리 아이들은 그때 우리가 만났던 열아홉보다 더 많은 나이를 먹어 있음이 아닌가.

딱히 그럴 이유도 없는데 가슴 한켠에 휑하니 찬바람이 들이치며 감정기복이 널뛰기를 하는 이즈음이다.

일각도 허투루 보내지 않고 순간순간을 열심히 살았다고 자부하는데도 지나버린 시간이 헛헛해진다. 그것은 살아온 날보다 살아갈 날에 대한 열정과 자신감이 점점 짜부라드는 위기의식 때문이리라.

작은애가 갓난아이 적에 병치레를 많이 했었다. 소아기관지천식으로 첫돌 전까지는 입·퇴원을 거듭하며 병원에 붙어살다시피 했다. 일주일에 두 번씩 종합병원 외래를 다니려니 어찌나 힘이 드는지 병원 다녀오는 길은 늘 곤죽이 되곤 했다. 다섯 살 난 큰아이를 걸려서 다녔더니 다리 아프다, 목마르다, 덥다 갖은 구실을 대며 징징댔고 등에 업힌 작은애는 기침을 자지러지게 해대며 울었다. 어느 날은 지하철 안에서 누가 보건 말건 나도 펑펑 울고 말았다. 그때 옆에 앉았던 오십대로 뵈는 아주머니가 내 손을 잡으며

"애기엄마, 지금이 가장 힘든 것 같아도 이십 년, 삼십 년쯤 세월이 흐른 뒤에 뒤돌아보면 아이 키우던 그때가 가장 좋은 시절이었다고 생각될 거예요."

라고 위로해 주었다. 전혀 위로가 되지 않았다. 수레바퀴자국 괸 물에 들어있는 붕어처럼 지금 당장 죽을 지경이라 그 아주머니의 진심어린 위로도 내겐 생뚱맞을 뿐 귓등으로 들렸다.

그땐 아이들이 어서어서 커 버렸으면 하는 마음만 굴뚝같았다. 20년 세월이 흐른 요즘 생각해보니 과연 그 아주머니의 말이 옳았다는 걸 알 것 같다. 그땐 내가 젊었고 뭐든지 해낼 수 있었고 오늘보다 내일이 더 나을 거란 희망도 있지 않았던가.

불면의 밤이면 오자서의 '일모도원' 고사를 떠올리는 것도 이즈음에 부쩍 잦아졌다. 해는 서산으로 저무는데 해 놓은 일은 없고 마음만 급해지는 내 모습이 비춰진다.

이제 내가, 무엇으로 누구를 반하게 만들 일이 있겠는가. 고(故) 목성균 선생님처럼 누구나 반할 수필 한 편이라도 쓸 수 있으면 좋으련만 그 또한 부엉이 욕심처럼 가당찮을 뿐이다.

버스에서 내려 걷는데 길가 가로수에 노란 낙엽비가 나를 향해 한바탕 회오리쳤다. 낙엽의 향연에 흔연히 취해 난마같이 얽히고설켜 시름겹던 생각들이 일거에 날아가 버렸다.

이 나이에 누구를 반하게 할 그 무엇이 없다고 울적하고 의기소침해 한들 뭐하랴. 냇내 마신 고양이상 하고 다니면 또 뭐하랴. 밥걱정할 일 없고 빼똥싸며 자식 학비 걱정 할 일도 없는데. 게다가 두 아이제 앞가림 능히 하고 있는데 그것만도 어디인가?

마누라가 문학하면 밥이 나오느냐, 떡이 나오느냐며 마뜩잖아 하는 남편들도 많다지만 문인의 길로 등 떠밀어 추어올리는 남편을 만난 것도 어디 예사 복인가? 산 좋고 물 좋으면 됐지, 정자까지 좋길 바란다면 그건 욕심이리라.

이리 살펴도 저리 살펴도 내 삶은 여전히 오광 패를 쥐고 있음인데 코 빠져서 다닐 일이 뭐란 말인가.

비를 좋아하고 가을을 좋아하고 마리아 릴케와 헤르만 헷세를 미치도록 좋아했던 문학소녀가 지천명을 넘어서까지도 가을앓이 짓이라니, 참 여들없다는 소릴 들어도 할 말이 없겠다.

신묘년! 지독한 가을앓이를 끝내면서 그래도 마지막까지 버리고 싶지 않은 욕심 하나는 남겨두기로 했다.

"너에게 첫눈에 반했어!"

30년도 더 된 남편의 고백이 아직도 유효하길 바라는 마음 말이다. (2011년)

# 원고료

몇 해 전이다.

생소한 이름의 J문예지에서 원고 청탁을 받았다. 어느 문예지건 재정형편이 어렵다는 걸 익히 아는 터라 원고료는 아예 생각조차 하지 않았다.

말석이지만 나도 문인이기에 그만한 고통분담은 함께 하는 게 당연한 도리라 여겼다.

원고를 보낸 뒤 한 달쯤 지났을까, J문예지에서 전화가 왔다.

"선생님의 글이 이번 달에 실렸으니 책이 몇 권 필요하십니까?"라고 물었다. 원고료를 못 주는 대신 내가 필요한 만큼 책을 줄 요량인가 싶어, 나는 두 권만 보내 달라고 했다.

그런데 내 귀를 의심케 하는 대답이 수화기 속에서 흘러 나왔다. 구변(口辯)이 소진 장의가 울고 갈 만큼 야슬거리더니 유료로 책을

20권만 사달라는 게 아닌가!

유료라면 한 권도 보낼 필요 없다며 전화를 끊었지만 나는 이미 그들에게 꼽꼽쟁이가 되어버린 듯해 불쾌하기 짝이 없었다.

원고를 청탁했으면 소정의 고료를 지급하는 게 당연하건만 되레 미지급을 당연시하는 풍조에 많은 문인들을 공짜놓게 하는 현실이 서글프다. 글로써 밥벌이가 되는 문인은 상위 몇 퍼센트도 안 되는 것 또한, 서글픈 현실이 아닐 수 없다.

열악한 문예지는 그렇다손 치더라도 어떤 기업의 사보나 모 단체의 홍보책자조차 작가들의 글을 거저 취하려는 심산이 뚜렷하다.

작가들이 글을 쓰는 걸, 마치 이도령과 성춘향이 산보 가는 기분으로 끼적이는 줄로만 안다. 글 한 편 완성해 발표작으로 내놓으려면 작가들은 수없이 고민하고 퇴고에 퇴고를 거친다. 너른 무 밭에서 무 하나 뽑아주듯, 오롱조롱한 고추밭에서 고추 한 움큼 따서 건네주듯 그렇게 간단하고 쉬운 글이 어디 있으랴. 단언컨대 절대 쉬이 인심 쓸 글은 세상에 없다.

청탁 원고에 대한 특별한 기억 두 개가 떠오른다.

십 수 년 전이다. 미등단 시절에 나는 두 번의 원고 청탁을 받은 적이 있다. 그 중 하나는 공기업인 H사의 사보 편집실이었다.

소정의 고료를 지급한다는 말에, 나는 기꺼이 원고를 보냈다. 원고료는 내 힘으로 버는 돈이라 오롯이 내 마음 가는대로 쓰곤 한다. 그 돈은 아주 마디고 차지게 쓰이기에 내겐 그 재미가 콩 볶는 재미에

비할 바가 아니었다. 나의 원고료는, 남편의 넥타이가 되기도 하고 아이들의 운동화나 점퍼가 되어주기도 한다.

H기업에서 내 글이 실린 책자를 우송해 준 것까지는 좋았는데 무슨 연유인지 원고료 말은 일체 없었다. 이제나저제나 기다려도 꿩 구워 먹은 소식이었다. 한 달을 훌쩍 넘기고도 가타부타 말이 없어 내 쪽에서 먼저 껄끄러운 얘기를 할 수밖에 없었다. 전화를 받은 쪽에서는 바빠서 미처 챙기지 못 했다고 했지만 그다지 미안해하는 기색은 아니었다. 아무리 바빠도 그렇지, 세우 찧는 절구에 손 들어갈 틈은 있다고 하는데 아무려면 원고료 챙겨줄 겨를 없이 바빴을까 싶었다. 흘미죽죽한 그들의 태도에 이래저래 씁쓸한 기분만 들었다.

청탁을 한 곳에서 알아서 챙겨주는 것과 내가 깐작이게 굴며 권리행사(?)까지 해서 멋쩍게 받아낸 것과는 기분이 천양지차이다. 전화하고도 2주일이나 더 지나서 원고료를 지급해 주었다. 참으로 여수(與受)가 질겼던 기억으로 남아있다.

또 한 번은, 어느 수녀님이 우편으로 원고청탁서를 보냈다. '성서생활'이란 종교지에 실을 거라며 가족애가 묻어나는 글이면 좋겠다고 하였다. 그러고는 귀여운 약속이 하나 붙어있었다.

"원고료는 없지만 선생님을 위해 기도를 해 드리겠습니다."라는 깨알같은 글씨가 눈에 띄었다.

'나를 위해 기도를 해 주시겠다고?' 수녀님이 나를 위해 어떤 기도를 해 줄지는 생각하지 않기로 했다. 기도를 한들 교인도 아닌 나를,

하느님이 알아보실 리도 만무하지만 그래도 수녀님이 기도를 해준다니 마음 한 구석에 미더움이 생겼다.

그 기도가 요행히 하늘 끝자락에 닿아 내가 살아오면서 알면서도 짓고 모르면서도 지은 죄를 병아리 눈물만큼이라도 탕감 받을 수 있다면 원고료 몇 푼이 대수일까 싶었다.

지금껏 내 삶이 남들보다 풍진세계를 덜 겪으며 살 수 있었던 게 어쩌면 십 수 년 전, 어느 수녀님이 올린 기도의 힘이 한 자락 보태져 있을지도 모를 일이다.

그런 청탁 원고 다시 한 번 받고 싶다. 값으로 매길 수 없는 고귀한 기도 원고료를 지불해 주는 곳이라면! (2009년)

# 낮잠의 효용가치

스페인, 그리스, 이탈리아 등 지중해 연안 국가와 라틴아메리카엔 '시에스타'라는 낮잠 자는 풍습이 있다. 한낮 무더위로 일에 능률이 오르지 않아서 낮잠으로 원기를 회복하여 저녁까지 활기차게 일을 하자는 취지이리라.

스페인의 시에스타 시간에는 상점들과 관공서도 문을 닫고 낮잠을 자는데 그렇다고 전 국민이 다 시에스타를 즐기는 건 아니다.

나라마다 시에스타 시간이 조금씩 다르지만 대략 오후 1시에서 4시 사이로 정해져 있다. 이 시간에 전화를 거는 일은 우리나라에서 한밤중에 전화를 거는 것처럼 큰 결례로 여기는 터라 웬만큼 긴급상황이 아니면 전화를 걸지 않는 게 불문율이라고 한다.

그런데 스페인의 시에스타가 이젠 한낱 전통풍습으로만 남을지도 모른다는 뉴스를 얼마 전에 TV에서 보았다.

몇 해 전부터 불거진 유럽발 경제위기는 여전히 오리무중이고 예측불허이다. EU국가들의 존립기반까지 흔들리고 있는 게 요즘 국제 정세이다. 그리스는 국가부도설까지 나도는, 말 그대로 풍전등화이고 스페인 이탈리아도 심각한 제정위기에 봉착해 있다. 국제통화기금(IMF)에 구제금융을 받네 마네하고 있지만 결국은 미구에 받게 될 거라는 분석이 지배적이다. 그런 마당에 한가하게 낮잠이나 자고 있을 겨를이 없다는 자성론이 일고 있는 모양이다. 딴은 그렇다. 눈썹에 불붙었는데 낮잠이나 즐기고 있다면 국제사회로부터 정신을 못 차렸다는 비아냥을 면치 못할 것이다.

하지만 내 개인적인 생각으로는 다른 목소리를 내고 싶다. 낮잠 자는 것을 무조건 죄악시할 일은 아닌 것 같다. 과학적인 연구 결과에도 30분 정도의 짧은 낮잠은 원기를 회복해 신체적 정신적 능력을 향상시키는 효과가 있는 것으로 나타났다. 나라마다 풍습이 다르고 생활주기도 개인차가 있는데 낮잠을 마치 게으름뱅이의 전유물인 양 낙인찍을 일은 아니라는 말이다.

우리나라도 낮잠에 대해서만은 인색하기 짝이 없다. 쓸데없이 남의 일에 참견하기를 좋아하는 사람이나 발바리같이 싸대길 좋아하는 사람에겐 가차없이 '할일 없으면 낮잠이나 자라.'고 한다. 낮잠을 하찮거나 쓰잘머리 없는 일로 치부하며 비하하려는 의도가 역력하다.

춘곤증을 이기는 법에도 30분 정도 눈을 붙이는 게 좋다고 하지만 직장인이나 학생들이라면 대놓고 눈 붙이는 게 어디 쉬운 일이겠는가. 졸음으로 아주 힘들 때 잠시 조리치거나 도둑잠으로 달랠 뿐이다. 우리나라 직장인들은 '시에스타'라는 전통을 당당히 즐기는 서유럽이나 남미 사람들이 일면 부럽기도 하겠다.

아버지께서도 생전에 낮잠을 즐기셨다. 먼동이 희붐한 이른 식전부터 농사일을 하시느라 점심때가 되면 체력이 바닥나서 원기충전이 절대적으로 필요하셨을 게다. 점심 식사 후, 바로 주무셨는데 아버지의 낮잠은 꿀맛처럼 달콤해 보였다. 세상만사 온갖 수수로움을 내려놓고 가장 순순한 얼굴이 되는 건 두말 할 나위가 없다. 파리떼가 아버지의 얼굴에 앉아 왱왱거리며 저들만의 모꼬지를 벌여도 세상모르고 주무셨다. 아버지 옆에서 숙제를 하던 내가 부채로 쫓아도 보지만 파리떼는 잔밉게도 금세 한가득 날아와 야단법석을 떨었다. 두 시간 남짓 주무신 아버지는 가뿐한 몸놀림으로 지게를 지고 다시 들녘에 나가셨다. 원기회복에 낮잠만한 보약도 없다는 걸 나는 아버지를 보면서 터득했지 싶다.

천생으로 나는 지독한 야행성이다. 그러니 내게도 그 어떤 보약보다 낮잠 만한 보약이 없다는 게 나의 오랜 지론이다.

나는 꼭 밤에만 일을 한다. 일이라고 해서 수입을 창출하는 건 아니고 글을 읽거나 쓰거나 하는 정도이다. 비록 생산적인 일은 못 되지만 나는 밤에 하는 내 일이 무척이나 흥에 겹다.

남편은 밤늦도록 안 자고 있는 나를 밤도깨비인 양 마뜩찮아 한다.

잘 시간에 자고 깰 시간에 깨는 게 건강에 좋다는데야 달리 반박할 거리도 없지만 천생이 뼛속까지 야행성이니 못마땅해 해도 나로서는 감내해야 할 일이다.

남편과 아이들이 일터로 학교로 가고나면 오전에는 세상없어도 나는 낮잠을 잔다. 내 안면을 방해하는 건 바로 전화벨인데 오전 전화는 나라님이 걸어온대도 정말 달갑잖다. 비몽사몽간의 목소리로 전화 받는 것도 상대방에 대한 예의가 아니어서 싫고, 내 잘못도 아닌데  쩔쩔매듯 전화 받는 것도 싫다면 싫은 것이다.

크리스천들은 음식을 앞에 두고 반드시 기도를 드린 뒤에야 먹곤 한다. 무슨 기도를 드리는지 한 번도 알려고 들지 않았지만 아마도 이렇게 맛있는 음식을 먹게 해 주어서 감사하다는 내용일 것이다.

크리스천들처럼 나도 감사 기도를 드릴 때가 있는데, 나는 먹을 때가 아니라 낮잠을 자기위해 몸을 뉠 때 의식처럼 기도를 한다. 내 절대자는 남편이다.

'이렇게 달콤한 낮잠을 즐길 수 있는 시간을 허락해 준 당신에게 감사합니다.' 라고.

내 감사기도가 시답잖다고 남들이 들으면 코웃음 칠는지 모르지만 크리스천들의 주기도문만큼이나 나 또한 경건하고 절대적이다.

나에게 낮잠은 방전된 배터리를 충전하는 것, 언제나 그 이상의 의미다. (2011년)

# 밥값은 하고 살아야지

지하철을 타고 오다 옆자리에 앉은 청년이 통화를 하고 있기에 나도 모르게 솔깃이 듣고 있었다. 요즘의 휴대폰은 의도하지 않아도 옆 사람의 통화를 엿듣는데는 아무런 거리낌이 없다. 청년은 아버지와 통화를 하는 중이었는데 주거니 받거니 부자유친이 퍽 도타워보였다.

"아부지예, 지금은 제가 밥값을 못하고 있지만 올해는 꼭 밥값 하겠십니더. 조금만 더 기다려 주이소!" 청년의 마지막 말이 가슴에 짠하게 와 닿았다. 노량진역에서 내리는 걸 보니 아마도 지방에서 올라온 취업준비생인 듯했다.

밥값이라? 일상에서 흔히 듣는 말이면서도 나에겐 아주 오래전에 박제되어 버린 단어처럼 생경스러워 마음속으로만 밥값, 밥값을 화두인 양 수없이 되뇌어보았다.

나는 어렸을 때부터 부모님께 '밥값 했다'는 말을 자주 듣고 자랐다. 그것은 내가 또래아이들에 비해 서리병아리처럼 비리비리한 약골이었던 탓에 어쩌다 기대 이상으로 제 몫을 하는 게 기특해서였을 것이다. 친구들과 어울려 봄나물을 한 소쿠리 뜯어 왔을 때도, 보리타작 하는 날 놉에게 줄 미숫가루 한 주전자 만들어 가도, 모내기 날 모춤 몇 단만 날라도 "우리 딸내미 오늘 밥값 했다."며 아버지는 흐뭇한 얼굴을 하였다.

부모님은 '밥값 했다'는 말로 나를 한껏 추어올려 용기를 북돋워주려 했다는 걸 세월이 흐른 뒤에야 알았다. 어린 날, 내가 한 밥값은 하잘것없기가 이를 데 없지만 결혼한 후에야 나는 진정한 밥값(?)을 한 게 아닐까싶다.

첫아이를 낳아 친정에 갔더니 동네 어른들이 이구동성으로 하시는 말이 "넌 이제 밥값 했구나."였다.

옛날 어른들은 여자가 남의 가문에 시집가서 아들을 낳았을 때만이 비로소 '밥값 했다'고 하였다.

남아선호사상이 거의 사라진 요즘의 시각으로 보자면 득남=밥값이란 해괴망측한 등식에는 모다기욕이 쏟아질 만도 하겠다.

얼마 전, TV 뉴스를 보다가 욕가마리 노릇을 하는 사람들에게 울화통이 터졌다. 바로 밥값 못하는 국회의원들이었다. 국회 본회의장에서 총리를 불러다 대정부질문하는 자리인데 빈 좌석이 태반이었다. 예상 못한 건 아니지만 시간이 갈수록 머릿수는 줄어들고 종내는 스물여섯 명만 남아있었다. 그나마 자리를 지키는 의원들 중에서도 끄덕끄덕 졸며 덕금어미가 되어 한낱 충수꾼 노릇 하기에 지나지 않았다. 국민 세금으로 갖은 특혜를 다 누리면서도 등원해야 할 기간에 결석 또는 땡땡이치는 게 다반사라면 세금 먹는 하마인 그들을 어떻게 우리의 대표로 인정하겠는가.

그런 국회의원들을 향해 "대한민국 의원님들, 밥값 좀 하시죠!"

어느 아나운서의 일갈은 적시타로 가슴을 후련하게 했다.

오래전에 입적하신 성철스님의 일화를 보면 해인사 총림 방장으로 있을 때, '가야산 호랑이'라는 별명으로 유명하였다. 끄덕끄덕 졸고 있는 수좌들에게 죽비로 사정없이 내려치며 산이 쩌렁쩌렁 울리도록 불벼락을 내렸다 한다. "이 도둑놈들아, 밥값 내놔라."며 큰스님 체면으로는 다소 입심 사납게 들릴 법도 하지만 성철스님은 전혀 개의치 않으신 모양이었다.

수행자들이 정진에 게으른 것을 두고 밥값 못한다고 대성질호 하셨다니 불자에게도 치러야 할 밥값이 있는데 하물며 국민의 피같은 세금을 받아 챙기면서도 태만한 국회의원들의 밥값은 대체 누가 받아낸단 말인가.

밥값의 진정한 의미를 짚어보자면, 처한 자리마다 제각각이지만 본질적으로 그 의미는 일치할 수밖에 없다. 자신의 자리에서 맡은 일을 열심히 해내는 것, 누군가에게 도움이 되는 일을 하는 것, 가장 자기다운 일에 몰두하는 것이 아닐까 싶다. 이를테면 학생은 학업에 충실하고, 운동선수는 운동에 전념하여 좋은 성적을 내고, 가수는 가

창력으로 대중의 심금을 울려야 하고, 불자들은 구도에 충실하고, 국회의원은 국리민복(國利民福)에 힘을 쏟아야 하고 군인은 안보의 위협으로부터 국민의 재산과 생명을 지키는 일에만 혼신을 기울여야 한다. 그게 각자에 걸맞는 밥값인 셈이다.

나는 아들을 둘이나 낳았으니 옛 어른들이 말하는 밥값은 올차게 한 셈이다. 하지만 21세기에 사는 내가, 곰팡스럽게 아들 낳은 걸로 밥값 했다면 딸만 가진 엄마들이 나를 오조 먹는 돼지 벼르듯 할 게 뻔하다.

지천명을 넘어서니 내 안의 숨은 열정과 숨바꼭질하는 것도 힘에 부치고 자신감은 날마다 지름길로 달아나고 있다. 이래저래 꽁무니 사려지는 일만 합덕 방죽에 줄남생이 늘어앉듯 내 앞에 가득하니 앞으로 나는 무슨 밥값을 더 할 수 있으랴 싶다.

그렇다고 나에게 밥값 하라고 시비할 사람이야 없겠지만 스스로를 위안 삼을 밥값 하나쯤은 있어야 할 것 같다.

내가 가장 임의로운 남편에게만은, 아들을 둘이나 낳았으니 나는 밥값을 초과달성했다고 늙은이 무릎 세우듯 박박 우길 참이다.

여태 내가 살아온 날의 밥값이나 살아갈 날의 밥값을 통틀어 봐도 아들 둘 낳은 밥값보다 더 내세울 게 없으니 어쩌랴. (2011년)

# 방자

작은아이의 첫 주민등록증이 발급되었다는 전화를 받고 동사무소에 찾으러 가는 길이었다. 잠시 한눈을 팔다가 길 가운데 쌓인 돌무더기를 차서 뭉그러뜨리고 말았다.

'아뿔싸, 하필 이곳에다 돌무더기를 만들어 놓을게 뭐람! 내가 더펄이도 아니건만 이런 실수를 하다니….'

동사무소가 한적한 골목길에 위치한 탓이라고 나는 투덜댔다. 뭉그러진 돌무더기 속에 무엇이 감춰져있나 이 잡듯 샅샅이 살펴보았지만 아무것도 확인할 수가 없었다. 하긴 돌무더기 속에 내가 염려하는 그것이 숨겨져 있다한들 눈에 띌 리도 만무하지만 그렇다고 꺼림칙한 마음까지 싹 가시는 건 아니었다.

'혹시 누군가가 그것을…?' 아닐 거라고 도리질을 했지만 내 기억 속에 생생하게 남아있는 몇 가지 방자가 떠올라 모골이 송연해졌다.

내 어린 시절엔 눈시울에 다래끼가 나면 약으로 고치기보다 미신에 더 의존했다. 길 복판에다 다래끼 난 속눈썹 하나를 뽑아 넣고선 돌무더기를 만들었는데 그것을 차서 뭉그러뜨리는 사람에게 다래끼가 옮겨간다고 철석같이 믿었다. 그러기에 길을 가다 돌무더기가 보일라치면 빚쟁이 마주친 듯 얼른 피해가곤 했다.

어디 그뿐인가, 예전엔 볼거리를 앓는 애들이 많았다. '유행성이하선염'이 정식 명칭인데 요즘은 유아기 때 예방접종 한번으로 평생면역이 된다니 좋은 세상임에 틀림이 없다. 하지만 그때는 볼거리가 유행성전염병이라 연례행사처럼 아이들의 볼에 근대다 가곤 했다. 다람쥐가 입 안에 도토리를 물고 있는 형상으로 붓기가 오르고 열이 나면 말하는 것조차 힘들었다. 볼록해진 볼에 벌꿀을 바르고 그 위에 창호지로 쓰고 남은 한지 쪼가리를 동그랗게 오려 붙였다. 한지 속에다 자신이 미워하는 사람, 즉 볼거리를 대신 앓아줬으면 하는 사람의 이름을 연필로 희미하게 적어 넣었다. 그러고 나면 신기하게도 볼의 붓기가 너누룩해지고 그 이름이 적힌 아이의 볼이 서서히 부풀어 올랐다.

나는 유별나게 볼거리를 자주 앓았으니, 아마도 다른 아이 볼에 붙인 한지 속에 내 이름이 빈번했던가 보다. 내가 볼거리를 자주 앓았던 게 어쩌면 별명과 무관하지 않았을까 싶다. 내 별명은 '일이꾸'로 잘 일러바치는 고자질쟁이란 뜻이다. 학교에서 나머지 공부하던 친구들을 제 부모 형제에게 곧잘 일러바쳤으니 내 꼬잘스러운 짓이 어찌 얄밉지 않았겠는가.

생전에 부모님은 금슬이 좋으셨다. 그런 두 분께서 내 기억으로 언성 높이는 걸 딱 한번 본 적이 있는데 방자에 관한 이야기를 주고받으면서였다.

어느 겨울밤, 우리 집 닭장에서 튼실한 닭 두 마리가 감쪽같이 사라졌다. 동네 오빠들의 소행일거라는 심증만 있을 뿐 서리당한 닭 두 마리를 찾을 길이 없었던 어머니는 최후의 수단으로 '양밥'이라는 카드를 꺼내들었다. 양밥이란 포항지역 방언으로 민간신앙에 의존한 일종의 방자이다. 쇠고기를 사다가 닭장 앞에 묻어두면 쇠고기가 썩을 때쯤 닭을 훔쳐간 사람의 손도 따라 썩어간다는 것이다. 생각만으로도 오싹하고 진저리가 쳐지는 일이 아닐 수 없다. 다래끼나 볼거리 떼내려고 방자하는 건, 양밥에 비하면 방자축에도 못 드는 애교 수준에 불과한 것이다.

아버지는 어머니의 의견에 제동을 걸어 강력하게 반대하셨다. 먹을 쇠고기도 없는데 닭장 앞에 묻을 게 어딨느냐며 쇠고기를 땅에 파묻어 도둑을 잡겠다는 발상은 얼토당토않다는 주장이셨다.

지금 와서 돌이켜보니 아버지는 어머니가 행하려던 끔찍한 민간신앙에, 과학적인 근거를 내세워 막은 게 아니라는 생각이 든다. 심성이 풀꽃처럼 여리디 여리신 아버지가 오히려 저주에 가까운 그 방자를 어머니보다 더 신뢰하셨을지도 모를 일이다. 그랬기에 아버지는 화(禍)는 또 다른 화를 부른다는 평범한 이치를 애초에 차단하고 싶었을 테고, 그깟 닭 두 마리로 인해 어머니가 몰강스러워지는 것도 원치 않으셨으리라.

아버지의 제지로 어머니는 결국 그 일을 실행하지는 않으셨다. 실제 그렇게 감행한 사람이 있었는지는 모르지만 어린 시절 우리 또래들은 도둑질하다간 손이 썩어 들어가는 줄로만 알았으니 그보다 더 섬뜩한 예방조치는 없었다.

돌무더기를 찼다고 다래끼가 옮고, 퉁퉁 부은 볼에 미운 사람 이름 석 자 몰래 써놓았다고 볼거리가 옮겨간다면 그건 방자질에 의한 효과가 아니라 지극히 우연에 지나지 않았으리라.

우주선을 타고 달나라로 가는 과학시대에 살면서 한낱 미신이고 괴담에 지나지 않는 방자에 나는 왜 아직도 자유롭지 못한 걸까. 동사무소를 다녀온 며칠째 나는 거울을 들여다보며 눈 주위를 살피고 있다. 타성이 과학보다 무서운걸 보니 나도 엔간히 치룽구니인 듯싶다. (2008년)

# 그립다 말을 할까 하니 그리워

S병원 내과병동은 언제나 북새판이다. 정기검진이 있던 날, 대기실에 앉아 차례를 기다리다가 나보다 세 칸 뒤에 있는 이름을 보는 순간 눈이 번쩍 뜨였다. 진료실 앞 모니터에 떠 있는 예약환자 중에 '나수병' 이라는 이름 때문이었다.

세월 저편 아득한 기억으로 남아 소월시인의 시구처럼 그리워지는 그 이름을 한번쯤 불러보고 싶었다. 저 모니터에 떠 있는 이름이 내가 기억하고 그리워하는 '팔각모 아저씨' 나수병일 리는 없지만 이름만으로도 반갑고 마음이 들썽해졌다. 진료를 마치고 나서도 더 볼일이 남은 듯 나는 밑질기게 대기실에 앉았다. 차례를 기다리고 있는 늙수그레한 대기자들의 면면을 훑어보며 '저들 중에 누가 나수병일까' 점쳐보았다.

"나수병 님, 들어오세요!" 간호조무사의 호명에 자춤자춤 진료실로 들어가는 사람은 여든이 가까운 상노인(上老人)이었다. 나는 그제야 피식 웃으며 돌아섰다.

톱 탤런트 현빈 씨가 해병대를 지원해 입영하기까지 세상을 떠들썩하게 했다. 포항해병훈련소에 입소하던 날은 취재진과 수천 명의 팬들이 장사진을 이루며 그를 환송했고 YTN은 아예 중계방송을 하기도 했다. 철중쟁쟁인 톱 탤런트가 공익근무나 연예병사가 아닌, 그 빡세기로 유명한 해병대지원을 했으니 노블레스 오블리주 운운하며 특별한 관심과 사랑을 받을 만도 하겠지. 포항해병훈련소가 생긴 이래 그토록 떠들썩한 입소식은 아마 없었을 것이다.

내 주변 지인들 중에 해병대 출신들이 더러 있는데 다들 포항에서 군대생활을 하였노라고 했다. 비록 오래 전 퇴역들이지만 내 고향 포항이라는 말을 들을 때마다 나는 괜스레 반가움이 더해지곤 했다.

1967년에서 68년 말까지 무슨 연유인지는 알 수 없지만 포항해병부대가 우리 고향마을 어귀에서 막사생활을 했었다. 1만평도 넘는 경작유휴지에 해병대 부대가 1년 반 가량 거주하다 떠나고 그곳엔 사과밭이 되었다. 그러다 80년대 들어서는 양계장이 되었다가 이젠 전원주택타운이 되었다. 세월 속에서 몇 번의 변천을 거듭했기에 지금 그곳은 부대가 존재했다는 터무니도 없지만 우리 마을 사람들에게만은 아련한 추억으로 남아있다.

내 오랜 기억 저편에 남아있는 해병대부대는 그냥 조그만 부대가 아니었다. 전시상황(戰時狀況)도 아닌데 그렇게 큰 부대가 외진 시골 마을 근처에 왜 주둔했는지 나는 지금도 궁금할 뿐이다.

고막이 찢어질 듯한 굉음을 내며 헬리콥터가 수시로 날아들고 군용트럭도 흙먼지 뽀얗게 날리며 불풍나게 군부대를 들락댔다. 우리가 공부했던 분교와 그리 멀지 않은 곳이라 운동장에서도 끝간데없이 죽 늘어선 막사가 한눈에 보였다. 해병대의 우렁찬 함성은 작은 골짜기를 쩌렁쩌렁 울렸고 그들이 부르는 군가는 우리 교실까지 들려왔다. 그때 들었던 군가가 지금도 나는 생생히 기억난다.

'귀신 잡는 용사 해병 우리는 해병대/
젊은 피가 끓는 정열 어느 누가 막으랴.
라이라이라이라이 차차차/
라이라이라이라이 차차차
사랑에는 약한 해병 바다의 사나이'

군가를 부를 때, 손을 높이 쳐들고 아래로 내리며 박수를 치곤했는데 그것이 해병대의 상징이었나 보다.

우리 마을 사람들은 뱀에 물렸거나, 갑자기 배탈이 났다거나, 농기구를 다루다 상처를 입었다거나 할 때는 해병대 의무실에 가서 치료를 받았다. '옥도정기' 하나가 가정상비약의 전부였던 그 시절, 우리 마을 사람들은 호사스러울 만큼 의료서비스를 받은 셈인데 군부대와 공존하며 누린 혜택이라면 혜택이리라.

외진 시골이라 해병대원들이 외출을 나와도 딱히 갈 때가 없었던지 우리 집으로 놀러오는 군인이 있었다. 인정이 많은 내 어머니는 그를 '나수병'이라 부르며 반갑게 맞아주곤 하였다. 나수병이 이름이 아니라 나씨 성에 계급이 수병이었던 게 아닐까싶다.

내가 일곱 살 때 나수병 아저씨와 1년 남짓한 인연이 가끔씩은 눈물나게 그리워 혼자만 살그니 꺼내본다. 나를 꼬맹이라 부르던 나수병은 언제나 주머니 속에 건빵을 넣어와 나에게 주었다. 건빵 보급량이 흔전해서였을까, 아닐 것이다. 자신에게 주어진 몫을 아꼈거나 아주 입에 대지도 않고 온새미로 가져온 것일 게다.

해병대원들만 보면 나는 습관처럼 나수병 아저씨를 떠올린다. 어머니가 끓여준 물곰치국을 맛있게 먹던 나수병은 지금 어디에서 살고 있을까. 탤런트 주상욱 씨와 흡사한 모습이었는데 아직도 그 외모일까. 환갑 진갑 다 지나 예순 예닐곱쯤 되었을 나이이니 꽤나 조쌀한 모습이 아닐까싶다. 초등학교 입학을 앞둔 나에게 덧셈, 뺄셈의 산수공부를 옹차게 가르쳤던 나수병 아저씨, 햇살 좋은 가을 들녘에서 함께 메뚜기를 잡았고 돌아오는 길에는 들국화도 한다발 꺾어 주었는데….

무슨 이야기를 나눴는지는 기억에 없지만 나는 나수병 아저씨를 무척이나 따랐던 것 같다.

"꼭 놀러 올게." 하며 떠난 나수병은 한번도 오지 않았다. 그때 내가 일곱 살이 아닌 열일곱 살이었다면 어땠을까. 아마도 나수병 아저씨를 향한 사춘기 소녀 감성으로 적잖이 가슴앓이 했을는지도 모른다.

강산이 몇 번이나 바뀔 만큼의 성상(星霜)이 속절없이 흘렀다 해도 나수병 아저씨가 어디엔가 살아있다면 나이에 상관없이 심심상인의 마음은 가히 다르지 않으리라.

포항 해병대시절만 떠올리면 부대 근처 마을 어느 가족과 나눴던 소박한 정을 반추할 거다. 외출 나와서 먹었던 물곰치국을 다시 한 번 먹어보고픈 마음도 굴뚝같을 거다. 건빵을 무척이나 좋아하던 쥐방울만한 계집아이와 들국화를 한아름 꺾어들고 호젓한 들길을 걸어오고 싶기도 할 거다.

세월 저편에 나부죽이 엎드려 있는 추억을 헤적헤적 짚어보면, 그건 예사 그리움이 아닌 필생에 오매불망 간직하고 있을 그리움일 거다. 나수병님은. (2011년)

# 인도(人道) 그리고 상도(商道)

내가 사는 아파트 게시판에 28통 '통장'을 새로 선출한다는 공지문이 붙었기에 걸음을 멈추고 세세히 읽어보았다. 지원자는 신청서와 서류 몇 가지를 준비해 관할 주민센터에 제출하라는데 신청한다고 다 되는 게 아닌 모양이다. 주민센터에서 서류전형을 거친 뒤 최종 한 사람만 뽑는다는 것이었다.

'그럼, 나도 이참에 통장 한번 해볼까.'하는 생각이 불쑥 들었다. 내가 적임자인 양 공지문에 눈독을 들이다가 친구에게 전화를 걸었다.

친구 하나가 오랫동안 통장 일을 맡아 하는 터라 조언을 구해 볼 요량이었다. 별로 힘든 일은 없는데다 매달 월급도 꼬박꼬박 나온단다. 아르바이트 삼아 하는 일이지만 반 공무원이나 다름없어 경쟁이 아주 치열할거라고 친구는 귀띔했다. 경쟁이 치열하건 말건 내가 걱정할 일은 아니었다. 나는 신청서만 내면 떼 논 당상이라는 믿는 구석이 있기 때문이다. 속칭 빽[back]이라는 것인데, 내겐 동아줄보다 더 튼튼한 줄이 있다면 다들 고개를 갸웃대지 않을까싶다. 아니, 나더러 기고만장하다고 혀를 끌끌 찰지도 모를 일이다. 그렇거나 말거나 그건 사실이다.

우리 구청 주부리포터 일을 나는 10년째 하고 있는 중이다. 분기별 간담회를 가지며 구정 발전을 위한 제안을 내놓기도 한다. 몇 해 전에는 내가 최우수 리포터 상을 수상하기도 했다.

언젠가, 간담회 자리에서 OO과 담당과장님이 우리 리포터들에게 하신 말씀이 있었다. "리포터들께서 자신이 살고 있는 구역에 통장일을 지원하고 싶다면 적절한 조치를 취해 주겠습니다."는 거였다. 특별한 보수도 없이 꾸준히 리포터로 활동해 준 것에 대한 작은 배려 차원이라고 했다.

나는 친구에게 그 든든한 뒷배 카드까지 슬쩍 내보이며 나도 통장 좀 해봐야겠다고 하자, 친구는 자늑자늑하게 설명하며 만류했다.

"얘, 넌 하지마라. 넌 애들도 다 키웠고 살만 하잖아. 중 · 고생 자녀에게 등록금 반값의 지원금도 나오거든. 그러니 일을 잘하고 못하고를 떠나 너보다 형편이 어렵고 쥐꼬리만 할지언정 그 등록금 혜택이 절실한 사람이 하도록 놔둬야하지 않겠니?"

통장 일이 대단한 능력을 요구하는 자리라면 거기에 걸맞는 적임자가 해야겠지만 약간만 부지런하면 누구나 할 수 있는 일이라니 누가 한들 어떠랴. 땅 짚고 헤엄치기 격인 빽까지 동원해서 그 일을 내가 해야 할 명분은 없어졌다. 친구 말마따나 누군가에겐 유용한 수입원일 수도 있는데 내가 가로채서는 안 된다는 생각에 통장 신청은 단박에 접었다.

조선 후기 거상(巨商) 임상옥의 일대기를 그린 소설 '상도(商道)'에는 이런 말이 있다.

'소상(小商)이 할 일, 대상(大商)이 할 일이 제각기 있는데 대상이 소상 일까지 앗아 먹으려 해서는 안 될 일이다'

온당한 말이지만 요즘은 그런 '상도'를 헌신짝처럼 팽개치고 돈이 되는 일이라면 그 어떤 지탄도 아랑곳하지 않는다. 국내 굴지의 대기업 계열사들이 앞다투어 중소기업들이 하는 일에 혀를 날름거린다.

A4용지, 지우개, 잉크, 빵, 두부, 커피 전문점, 꽃배달서비스 등 자잘하기 이를 데 없는 품목까지 손을 뻗으니 중소기업으로선 얼마나 각다분할 것인가. 정글의 법칙을 보는 듯해 마음이 언짢았다. 어린아이 볼때기에 붙은 밥풀까지 떼어먹어야 직성이 풀리는 게 대기업인가보다.

지난 세월을 돌이켜보니 나는 정말 짠순이로 살았다. 최대한 알뜰하게 살림하는 게 전업주부가 할 수 있는 벌이이며, 밖에서 애써 돈 버는 남편에게도 도리라고 생각했다. 여자가 알뜰하지 않으면 집안의 도둑이라고 '명심보감' 입교(立敎)편에도 있는 말이다.

우리 식구는 우유팩 하나도 허투루 버리지 않고 물에 씻어 말린 뒤 가위로 잘라서 차곡차곡 모았다. 5kg쯤 모이면 아이들과 나눠들고 동사무소에 가서 재활용휴지로 바꿨다. 1kg당 휴지가 한 개지만 '그게 어디야.' 하는 마음으로 우유팩 모으는 재미가 쏠쏠했다.

길가에 아무렇게나 버려진 빈병도 보는 대로 주워다 여러 개가 모이면 가게에 가서 팔았다. 세탁비누는 빈병을 판 돈으로 너끈히 충당할 수 있었다. 아이들도 엄마의 절약습관을 보며 자라서인지 물 한 대야도 쉽게 버리지 않았고 전깃불도 스스로 끌 줄 알았다.

아이들이 초등학교 다닐 땐, 연필이 짧아져 손에 쥐기 어려운 몽당연필이 되면 볼펜 껍데기에 끼워 쓰게 했고 색종이는 전장 그대로 쓰면 헤퍼질 게 뻔해 4등분해서 필요한 만큼만 오려 쓰게 했다. 그런 습관으로 작은애는 길가에 뒹구는 노끈 한 토막도 그냥 지나치지 않고 신문지 묶을 때 쓰라며 주워다 나를 주곤 했다.

며칠 전, 작은아이랑 슈퍼에 다녀오는 길이었다. 빈병 두 개가 나무 밑에 널브러져 있었다.

"엄마, 이제 빈병 안 모아요? 예전엔 여러 개 모아지면 가게에 가서 팔았잖아요?"

"그래 그랬지, 이젠 내가 저 병을 주워선 안 될 것 같다. 허드레 빈 박스 하나도 서로 주우려는 사람들이 얼마나 많은지 아니? 저 빈병도 생광스럽게 쓸 수 있는 사람이 주워야 하지 않겠니?"

"아 그렇군요, 엄마 생각 굿(Good)이에요!" 아이가 엄지손가락을 치켜들어 보였다.

상도(商道)에서 말하는, 소상에도 대상에도 나는 해당되지 않지만 인도(人道)에서는 내가 해야 할 최소한의 도의가 무엇인지는 훤히 보이는 듯하다. 어떤 상황에서든 염치를 차릴 줄 아는 것만도 얼마나 다행인가.

한 달에 이십만 원이 조금 넘는 월급쟁이 '통장'직을 반칙까지 써가면서 당길심을 부린다면 그건 제대로 된 염치가 아닐 것이다.

나이 들어가면서 후덕하지는 못할망정 단작스럽고 잇속에만 밝다면 그 또한 추태이리라. 통장(統長) 해볼 생각을 접으면서, 내 후반기 삶을 주접스럽지 않게 그 밑바탕을 마련해 준 남편에게 고마운 마음이 먼저 들었다. (2012년)

# 5. 시어머니 맏이 사랑

# 암까마귀 수까마귀

참으로 모를 일이다.

'방에 가면 시어머니 말이 옳고 부엌에 가면 며느리 말이 옳다'는 속담이 있긴 하지만 말이다. 지난 봄, 신문 하단에 공고문 성격이 다분한 어떤 광고가 실렸다. 이튿날엔 그 주장과 상반된 광고가 실렸다.

한쪽에서 장군하면 다른 한쪽에서 멍군으로 되받아치기를 몇 번 반복하고서야 잠잠해졌다.

분명 어느 한쪽 말이 옳고 한쪽 말은 그른데 가부(可否)가 어느 쪽인지 구경꾼으로서는 도무지 분간이 안 되는 상황이다.

이 광고의 구경꾼이 되자면 우선 얼마간의 역사 지식을 필요로 한다. 물론 대단한 지식을 요구하는 건 아니고 지극히 상식적인 것에 불과하다.

아무리 역사에 문외한일지라도 조선 초 수양대군과 단종, 숙질간에 벌어진 왕위 찬탈사건쯤은 누구나 배워 알고 있을 것이다.

충절과 배신이 난무하는 계유정난(癸酉靖難)의 소용돌이 속에서 어린 임금을 위해 목숨을 초개처럼 던진 여섯 충신들의 이야기는 만고(萬古)에 남아 충절의 표상이 되고 있다.

그런데 600년 전의 사건을 두고 그 후손들이 지금 진실공방을 벌이고 있다, 역사적인 사실 앞에, 나는 까치발을 들고서라도 말긋말긋 진실을 올려다보고 싶어 안달이 났다. 내 힘으로 백과사전, 인터넷지식검색 등 모을 수 있는 자료는 다 모아보았지만 어느 한쪽 주장에 흔쾌히 손들어 줄만한 근거를 찾지 못해 답답하기는 매한가지였다. 하긴 '국사편찬위' 위원들끼리도 제각기 다른 의견을 내고 있는 마당에 게꽁지만 한 내 지식으로 여섯 충신들의 진실공방에 고개를 주억거려 본들 제대로 판단이 설 리가 만무하다.

역사 교과서에서 배운 대로라면 사육신은 성삼문, 박팽년, 이개, 하위지, 유성원, 유응부이다. 그런데 유응부가 아니란다. 유응부 대신 김문기가 사육신의 한 사람이라는 게, 김녕 김씨 후손들의 주장인데 '사육신수호회'는 발끈하여 그 주장이 얼토당토않다며 김문기를 오히려 배신자, 간신배로 몰아세웠다. 충신들 옆에 누운 간신배가 웬말이냐며 '사육신묘' 안에 있는 그 묘(허묘)를 파내겠다고 서울시에 요청을 하는 과정에서 사건의 발단이 된 것 같았다.

할 수만 있다면 타임머신을 타고 600년 전 시간으로 훌쩍 날아가

정말 누구 말이 맞는지 알아보고 싶은 게 내 솔직한 마음이다.

진실은 하나인데, 그 하나가 서로 제 것이라고 우기며 시시비비하는 게 세상사에 어디 한 둘일까.

아주 오래 전, 어머니 연세 예순 때의 일이다.

아닌 밤중에 홍두깨처럼 어머니는 느닷없이 진실공방에 내몰려 된통 속앓이를 하신 적이 있다. 한마을에 사시는 분께 어머니가 돈을 빌려 드리면서 벌어진 일이다.

OO네가 X월 X일에 돈을 30만원 가져갔으니 여물게 적어두라고 어머니는 나에게 이르셨다. 어머니가 시키는 대로 달력에 날짜를 적을 때만해도 나는 둔필승총의 힘을 철석같이 믿었다.

몇 달이 지나서였다. 한 달만 쓰고 돌려주겠다던 아주머니가 몇 달째 감감소식이자, 어머니는 넌지시 채무 상환을 타진하셨다. 문제는 그때부터였다. 그 아주머니가 펄쩍 뛰는 거였다. 빌린 건 맞지만 다른데서 돈이 들어오는 바람에 빌린 지 삼일 만에 돌려주었다는 것이다.

어머니는 받은 적이 없다 하고, 그 아주머니는 분명히 돌려 줬다는 주장을 굽히지 않았다. 어머니는 돈이 생기면 바로바로 나에게 맡기던 때였으니 그 돈을 돌려받았다면 내가 모를 리 만무했다. 제 삼자 입장에서 보자면 어느 한 사람은 영락없이 거짓말하고 있는 형국이었다.

돈을 받아놓고 잊어버릴 만큼 어머니가 옹송망송한 것도 아니고 총기 또한 누구에게도 뒤지지 않으신데, 돈은 흔적도 없고 상대편에선 갚았다는 주장만 줄기차게 늘어놓았다. 어느 것 하나 속 시원히 드러내 보일게 없는 어머니로서는 속된말로 미치고 팔딱 뛸 노릇이었다.

그 시절엔 이웃끼리 돈거래가 빈번했지만 시골에서는 따로 차용증을 쓰는 경우는 드물었다. 아주 큰 액수가 아니면 그냥 입으로 빌리고 갚는 게 관행이었다.

어머니는 어안이 막히는 심정을 안추르느라 몇 날 밤을 지새우다시피 하셨다. 돈도 돈이지만 오랜 세월 함께 살아온 이웃과 쓰렁쓰렁하게 벋서는 일도 어머니에게는 수월찮은 일이고 경위야 어떻든 뭇 사람들의 입길에 오르내리며 체면 사납게 된 것이 더 견디기 힘드셨으리라. 결국 돈도 떼이고 어머니는 사람을 믿지 못하는 생채기만 남긴 채 그 일은 유야무야 되고 말았다.

복잡다단한 인간사에 늘 좋은 일만 있으랴, 어근버근한 일인들 왜 없으랴. 흔히들 진실 공방의 구경꾼이 되어 헷갈릴 때 '어느 것이 암까마귀인지 수까마귀인지 모르겠다.'는 말을 하곤 한다.

내 어머니처럼 끌끌한 성정으로, 끝끝내 진실을 내보이지 못한 채 여러 사람들 입에 암까마귀 수까마귀로 회자되었으니 그 억색한 심정이 오죽하셨을까.

'진실은 거짓을 이길 수 있다'던 유행가 한 소절처럼 아무런 고민 없이 진실을 진실 그대로 믿을 수 있다면 참 좋으련만. 그게 아니면 십리눈치꾸러기가 되어 진실을 단박에 척 알아보는 혜안을 가지기라도 했으면 더 좋으련만.

가을볕이 좋은 날, 집에서 그리 멀지않은 곳에 위치한 사육신 공원으로 나갔다. 문제의 그 현장에서는 진실의 의기를 느낄 수 있지 않을까 사뭇 긴장이 되었다.

홍살문을 들어서니 의절사가 눈에 들어왔다. 의절사 경내, 육각형 신도비엔 사육신이 남긴 시조 한 수씩이 새겨져 있었다.

없던 일도 지어내서 토설케 한다는 서슬퍼런 국문장에 나가기 전날 밤에 읊은 시조라 여섯 충신들의 추상같은 의지가 면면에 아로새겨져 나들이객을 숙연하게 했다.

의절사 뒤편으로 가만사뿐 돌아서니 사육신의 묘 여섯 기(基)와 진실공방의 중심에 있는 예의 김문기의 허묘가 있었다.

이미 백골이 진토 되어도 골백번은 더 되었을 텐데, 지금에 와서 이런 진실공방이 벌어지고 있다니….

저기 일곱 분의 당사자들은 작금의 광경을 본다면 뭐라 할까.

육각형 신도비 위에 고추잠자리가 납작 엎드려 느긋이 가을볕을 쬐고 있다. 인간사 진실공방으로부터 너무도 자유로운 잠자리의 여유가 되레 부러운 나들이였다.

그래도 입속을 맴도는 말은 '진실은 하나인데….' 라고 중얼대며 홍살문을 걸어 나왔다. (2009년)

# 폐 끼치지 말라면서

어느 칼럼에서 보니 일본 사람들은 어릴 적부터 '남에게 폐를 끼치지 말라'는 교육을 받으며 자란다고 한다. 그들의 사회생활교육 1장 1절에 나오는 이 말을 철칙으로 삼는다고 하니 당연한 것이지만 일면 부러운 마음이 드는 것도 사실이다.

2년 전 일본인들이 우리나라에 관광 왔다가 부산의 한 사격장에서 화재를 당했다. 일본 관광객 일곱 명이 졸지에 불귀의 객이 되어 버린 참사였다. 일본에서 유가족들이 달려왔지만 그들은 에구데구하지도 않았다. 우리나라 사람들이라면 울며불며 실신하고 가족들이 침통한 얼굴로 부축하는 게 익숙한 장면이지만 일본 유가족들은 슬픔을 안추르며 소리 내어 울지도 않았다. 대성통곡하는 자체가 남에게 피해를 주는 것임은 물론, 자기의 슬픔을 남이 걱정하고 위로해주는 것조차도 폐를 끼치는 일이라고 했다. 일본인들의 '폐'에 대한 개념을 간접적으로나마 엿볼 수 있었다.

지난 3월 동북아대지진 때, 엄청난 자연재해의 순간에도 침착함과 배려심을 잃지 않는 일본인들의 행동에 전 세계인들은 인간정신의 위대함을 보았다며 일본을 극찬했다.

생전 친정어머니도 누구에게든 폐 끼치는 것을 죽기보다 싫어하셨다. 남에게는 인정이 많으면서도 자신에게는 지나치리만치 청허한 성정을 잃지 않으셨다. 어머니의 훈육 방식 또한, 티끌만큼도 남에게 폐가 되는 일은 하지 말라는 거였다.

누구든 일생동안 그것만은 피하고 싶은 게 있다면 인생 말년의 중풍일 것이다. 하필이면 내 어머니가 왜 그런 흑싸리 껍데기 같은 패를 뽑으셨을까. 그토록 끌끌하고 매사 삼가고 분수보다 낮은 삶을 사셨는데….

어머니는 말년에 중풍을 맞았다. 입원 퇴원을 거듭하면서 몸도 마음도 약할 대로 약해져 급기야 우울증까지 덮쳐왔다.

어머니의 걱정은 오로지 당신 병세가 시난고난해져서 자식들에게 짐이 되면 어쩌나 하는 거였다. 조금이라도 기력이 되고 정신이 있을 때 당신 삶을 갈무리 하고 싶다고 입버릇처럼 하시더니 결국 그렇게 하고 말았다. 자식 넷을 장성시키고도 티끌만큼의 폐도 의탁하지 않으려고 어머니는 혼자서 먼 길을 떠나셨다. 나는 그런 어머니가 원망스러웠고 휑한 바람은 언제나 가슴속을 할퀴고 나갔다. 낯설고 혼란스럽던 감정과 화해하기까지 수년이 걸렸다는 걸 어머니는 아실까.

우리 4남매는 부모님의 유훈대로 남에게 폐 끼치는 걸 가장 못 견뎌 한다. 나로 인해 누군가가 고통을 받고 피해를 보고 불이익을 당한다고 생각하면 아무리 사소한 일일지라도 내 자존심이 허락하지 않는다. 설령 그것이 꿈속일지라도 벌떡 일어나 앉고 말 일이다.

언젠가 지하철을 타고 가다 옆자리에 너더댓 살쯤 되는 사내아이가 신발을 신고 좌석에 올라서 있는 걸 보고는 내가 제지를 했다.

신발 신은 채로 좌석에 올라가면 안 되는 거라고 타일렀더니 옆에 앉은 아이엄마가 나를 마뜩찮아 죽을 기세로 쳐다보며 "얘가 뭘 안다고 그러세요?" 라고 했다.

알든 모르든 공중도덕에 어긋났으니 가르쳐준 건데 아이엄마는 그걸 기성세대의 오지랖쯤으로 여기고 있는 거였다. 아이가 신발을 신고 좌석 위에 올라서면 어미가 마땅히 제지하고 가르쳐야 하는데도 그걸 지적한다고 되레 언짢아하는 게, 아이나 어미나 황구소작이긴 매한가지로 보였다.

공공예절 실종으로 눈살 찌푸려지는 일이 어디 한 둘일까.

버스에서 큰 소리로 통화를 하는 건 예사이고 음식점에서 아이들이 먼지가 풀풀 나도록 뛰어다니며 다른 사람의 식사를 방해해도 부모들은 전혀 개의치 않는다. 공원에 나와서 꽃나무를 꺾고 싸온 음식을 먹고 제대로 치우지도 않고 자리를 뜨는 사람도 부지기수다. 나로서는 이해가 안 되는 사람들이다. 남에게 버젓이 폐를 끼치면서도 당당하기까지 한 사람들의 의식구조는 어떨지 궁금하다.

행복전도사를 자처하며 힘들고 지친 사람들에게 희망과 행복 바이러스를 전파했던 고(故)최윤희 씨를 가끔 떠올려 본다. 걸쭉한 입담과 소탈한 성격의 최윤희 씨는 방송인으로 작가로 생전 많은 이들에게 사랑을 받았는데 어느 날 갑자기 부부동반으로 생을 마감했다.

자살을 뒤집으면 '살자'가 된다며 단 한번뿐인 인생을 행복으로 도배하라던 그녀였기에 허탈감과 배신감이 더 컸는지도 모른다.

최윤희 씨는 700가지 통증에 시달려 본 분이라면 저의 마음을 조금이라도 이해할거라며 병마로 인한 참을 수 없는 고통을 유서에다 밝혔다. 고통스러운 삶 대신 죽음의 질(well dying)을 선택한 그녀를, 애써 이해하려면 못할 것도 없다. 자살은 뒤집으면 살자가 되지만 '고통'은 뒤집어도 '통고(痛苦)'일 뿐이기에 말이다.

그녀의 극단적인 선택을 두고 세인들은 한동안 왈가왈부했지만 '죽는 사람은 여북해서 죽겠나' 싶게 내 생각은 그런대로 관대했다.

하지만 '왜 하필이면 남의 집 영업장(모텔)에서 생을 마감했을까' 그 생각이 머릿속을 떠나지 않았다. 그녀가 생전에 장삼이사(張三李四)의 삶을 산 것도 아닌데, 그녀의 이름 석 자만 대면 다 아는 유명짜인데 죽어서까지 누군가에게 폐를 끼쳐야 했을까. 그들 부부로 인해 된불 맞게 될 영업장은 왜 염두에 두지 않았는지 모를 일이다. 야박스런 말이지만 그녀의 인생 갈무리만 떼놓고 본다면 참으로 경위없고 민폐 제대로 끼치고 간 삶이다.

이왕지사 말이 나왔으니 나는 일본인들에게 꼭 물어보고 싶은 게 있다.

남에게 폐 끼치는 걸 병적으로 싫어해 공중도덕은 그리도 잘 지키면서, 타인의 고통은 그리도 잘 배려하면서, 과거 우리나라를 비롯해 동남아 국가에 그악스럽게 끼친 민폐에 대해서는 왜 침묵하는가.

벼룩이 뜸자리보다 못한 쩨쩨한 사과를 찔끔찔끔 하다가 이젠 그마저도 하지 않는다. 만시지탄이지만 지금이라도 화끈하게 제대로 사죄를 청해야 하는 판에 영토분쟁까지 야기하니 이 무슨 적반하장인가. 독도가 대한민국 땅이라는 명명백백한 사실 앞에서 왜 아직도 마구발방 버릇을 못 고치는가.

조상들이 과거에 저지른 천인공노 할 만행을 아무렇지도 않게 왜곡 날조한 교과서를, 자라는 아이들에게 가르치고 있다면 대한민국에 끼친 민폐는 과거완료형이 아니라 영원히 현재진행형인 셈이다.

남을 언짢게 하고, 남에게 걱정을 끼치고, 신경 쓰게 만드는 것이 '폐'라고 한다면 일본인들은 어디에 해당되는가. 일본인들의 폐에 관한 이중 잣대가 메아리처럼 공허하고 씁쓸할 뿐이다. (2011년)

# 불우한 여인들을 위하여

## 불꽃같은 여인 - 1

'불우한 사람'이라면 가진 것이 없거나 형편이 좋지 않아 도움을 필요로 하는 가난한 사람쯤으로 여기는 게 일반적인 생각이다. '불우 이웃 돕기' 같은 말이 금세 떠오르듯이.

하지만 '불우하다' 원래 뜻은 가난하고 불쌍한 것이 아니다. 좋은 때를 못 만났거나 운이 나빠서 재능이 있어도 쓰이지 않음을 일컫는 말이다.

'나혜석 평전 –내 무덤에 꽃 한 송이 꽂아주오–'를 읽었을 때 나혜석이 진정 불우한 여자가 아닐까 생각했다.

한국 최초의 여류 서양화가였던 나혜석은 수원의 관료집안에서 신교육을 받으면서 유복하게 자랐다. 그 당시 일본 유학까지 한, 여자로서는 최상의 혜택을 누렸다고 할 수 있다.

화가로서 뛰어난 재능을 인정받으며 '조선 미술전람회'에서 1회부터 5회까지 입선을 계속 하였고, 여성화가 최초로 개인전을 열기도 했다.

그녀는 스물넷에 김우영의 재취로 결혼을 한다. 나혜석은 애당초 결혼이란 제도의 틀에 갇혀 살아갈 그런 여자가 아니었는지도 모른다. 외교관인 남편을 따라 1926년부터 3년간 세계 일주를 하다가 프랑스에 머물게 되었다.

그곳에서 남편의 친구이기도 한 최린과 불륜을 저질러 그녀는 이혼을 당했다. 가부장제 조선의 결혼제도와 이기심 가득한 남자들을 신랄하게 비판하는 '이혼 고백서'를 펴냄과 동시에 불륜 상대남에게도 위자료청구 소송을 냈다. 즉, 내 가정은 박살났는데 상대남은 아무 일도 없었던 것처럼 잘 살고 있는 게 불공평하다고 했다.

요즘이라 해도 나혜석의 이런 일련의 행동들을 곱게 볼 사람이 없을 텐데, 1930년대에는 상상하기조차 힘든 가히 파격적인 행보였으리라. 그런데 나혜석은 남자들보다 여자들에게 더 거센 비판을 받았다는 게 아이러니다.

화가로서 뛰어난 재능도 이혼녀 불륜녀의 수식어에 가려서 그녀의 입지가 좁아졌을 뿐만 아니라 여론의 뭇매와 차가운 시선에서 보무당당하기란 쉽지 않았을 터이다.

절에 들어가 수도생활을 잠깐 한 적도 있었고, 유리걸식으로 제 몸

하나 건사하기도 힘든 곤궁한 지경에까지 갔다고 한다. 결국 행려병자로 쓸쓸한 삶을 마감했을 때 그녀 나이 쉰둘이었다.

아직도 현모양처가 여자에겐 최선의 삶인 양 고리타분하고 곰팡내 풍기는 나로서는 나혜석의 파격적인 가치관이 부담스럽기는 여전하다. 하지만 나혜석의 일대기를 통틀어 적어도 자업자득이라는 비난은 하고 싶지 않다. 그녀를 '불우한 여자'로 이해를 했기 때문이다.

'조선 남성의 심사는 참 이상하외다. 자기는 정조관념이 없으면서 처에게나 일반여성에게 정조를 요구하고 또 남의 정조를 빼앗으려고 하외다'

이혼 고백서 한 구절이 마치 나혜석의 육성을 듣는 양 귓가에 맴돈다. 나혜석이 백 년만 늦게 태어났더라면 어땠을까? 아마도 그녀가 살다간 말년의 삶처럼 그토록 신산하지는 않았을 것이다. 이혼, 불륜, 재능을 뭉뚱그려 도매금으로 매겨지는 게 아니라 이혼은 이혼이고 불륜은 불륜이고 재능은 재능으로 분리되어 비난 받을 건 받고, 또 화가로서 평가 받을 건 마땅히 받지 않았을까 싶다.

모던 걸(modern girl)이 곧 '못된 걸'로 인식되던 시절에 태어나 제도적 모순에 온 몸으로 저항했던 불우한 여인 나혜석은 분명 이 시대 여자들을 위해 선구자의 길을 걸었다는 평가엔, 이제 주저하지도 인색하지도 말아야 할 것이다.

## 불꽃같은 여인 - 2

불우한 여인의 결정판이랄 수 있는 한 여인이 요즘 책으로 환생하여 각광을 받고 있다. 스물일곱 해 짧은 생을 살다간 천재시인 허난설헌이다.

그녀는 조선 중기 정치 명문가 집안의 딸로 태어났다. 집안의 열린 가풍으로 아버지 허엽은 딸에게도 아들과 똑같이 교육받을 기회를 뒷받침해 주었으니 여느 사대부 집안의 규수와는 달리 난설헌의 어린 시절은 분명 선택받은 삶이었다. 일찍이 여동생의 문재(文才)를 알아본 오빠 허봉의 주선으로 당대 최고의 시인 이곡을 만나 동생 허균과 함께 시공부를 했다. 어린 난설헌은 신동으로 불리며 세상을 놀라게 할 시를 지어 보였다.

초장 끗발 개끗발 이라고 했던가.

난설헌의 불행은 열다섯 나이에 안동 김씨 가문으로 출가하면서 시작되었다. 자유로운 가풍을 가진 친정과는 달리 가부장적인 가문으로 시집 간 난설헌의 시집살이는 순탄치 않았다. 철저한 남성 중심의 사회에서 아무리 문재가 뛰어나도 시를 쓰는 며느리가 시어머니에게는 달갑지 않을 뿐더러 눈에 모를 세웠을 터이다. 남편 역시 이미 신동으로 불리던 난설헌에게서 따뜻한 아내의 모습보다는 문학을 향한 활화산 같은 열정이 애당초 부담스러웠는지도 모른다.

시댁의 냉대와 남편의 무관심, 외도, 정치적 몰락을 걷는 친정집,

돌림병으로 두 아이를 잃고 뱃속 태아까지 잃는 등 난설헌의 삶은 더할 수 없는 진구렁의 연속이었다.

불행한 자신의 처지를 시작(詩作)으로 달래며 시로써 속박된 현실과 소통하려했고 자유로운 영혼이 되고자 했다.

'여자로 태어난 것, 조선에 태어난 것, 그리고 남편의 아내가 된 것' 난설헌은 이 세 가지 한을 끌어안고 스물일곱 꽃다운 나이에 영원히 잠들었다.

여자에게 가장 혹독했던 시대에 태어나 그 찬란한 재능을 펼쳐보지도 못한 채 안으로 안으로 삭이다가 죽지 부러진 새처럼 스러져간 불우한 여인, 허난설헌! 그녀에게 이제는 전하고 싶다.

'난설헌 시인이 400년만 늦게 태어났더라면, 여자로 태어나도 괜찮고 조선에 태어난 것도 괜찮고, 남편의 아내가 되어 사는 것도 다 괜찮다고….'

할 수만 있다면 지금이라도 다시 태어나 오라고 손짓하고 싶다. 400년 전 실꾸리에 감긴 실처럼, 서리서리 감아놓은 한을 말끔히 풀어 주옥같은 시로 한세상 신명나게 살아보라고 정말 그렇게 말해주고 싶다.

유행이란 흘러가고 나면 그만이지만 요즘 유행하는 어느 개그맨의 개그는 속불나게 만든다.

'어디 여자가 건방지게 시 쓴다고 그래! 나 때는 여자가 쓸 수 있는 건 누명 밖에 없었어!'

이 세상 여자들에게 물고 당할 소리를, 매주 한 번씩 야죽야죽 잘도 해댄다. 개그는 개그일 뿐이지만 잘근잘근 씹어가며 야살을 부리는 게 참 밉상이다. 허난설헌의 남편이 아마도 저런 사람이 아니었을까, 잠시 별난 생각을 해봤다면 내가 되레 개그맨이 아닌지 모르겠다.

## 박꽃같은 여인

내 시어머니는 올해 연세가 구순이다.

아침마다 천수경을 읽으시며 하루를 시작한다. 시어머니는 일제강점기에 태어나 6·25 동란을 겪으셨고 대표적인 보릿고개 세대이다.

삼순구식(三旬九食) 하는 살림에 딸에게까지 공부를 가르친다는 것은 내남없이 달나라만큼이나 아득하고 먼 이야기였으니 그 시대의 어머니들은 거지반 무학으로 까막눈일 수밖에 없었다.

시어머니 역시 초근목피(草根木皮)로 연명하던 옹색한 집안의 맏딸로 태어나셨다. 없던 시절엔 맏딸을 살림밑천이라 여기며 집집마다 차지게 부려먹다 적당한 때에 시집보내는 게 일반적이었다. 그러니 맏딸로 태어나 공부를 배운다는 건 언감생심이었다. 하지만 시어머니는 여느 여인들과 달리 현실에 순응하면서도, 타고 난 학구열로 혼자서 한글을 깨치셨다.

여자가 글을 모르는 것과 아는 것의 차이가 별반 다를 게 없는 시대를 사셨지만 시어머니의 영명함은 어디서나 반짝반짝 빛이 났다. 책이든 신문이든 뭐든지 읽고 익혀 앎의 기쁨을 누릴 줄 아는 분이다. 우리 며느리들은 그런 학구열을 가진 시어머니가 참 귀엽고 존경스럽다는 생각을 늘 가지고 산다.

시어머니를 뵐 때면 나는 '만약'이라는 말이 가장 먼저 떠오른다.

만약에 어머님이 신식 집안에서 신교육을 받고 자란 신여성이었다면 누구의 안사람 누구의 엄마가 아닌 어머님 당신의 이름을 남겼을 것이다.

나혜석, 허난설헌처럼 역사의 한 페이지에 이름을 장식하지는 않더라도 어머님 특유의 부지런하고 순량한 성품으로 교편을 잡았다면 어땠을까.

동량을 숱하게 길러 내셨을 것이고 큰 존재감으로 교육계에 이름을 드날렸을 거란 확신을 나는 지울 수 없다. 그런 면에서 보면 시어머니 또한 불우한 여인이다.

흉흉한 시절에 태어난 복불복이런가. 팔준마가 삯마로 늙어가는 게 아쉽고 또 아쉬울 뿐이다. 나의 시어머님! (2011년)

# 이름은 못 남기더라도

호랑이는 죽어서 가죽을 남기고 사람은 죽어서 이름을 남긴다는 말은 어려서부터 귀에 익숙한 속담이다. 진부하기 짝이 없지만 그렇다고 간과할 수도, 간과해서도 안 되는 것은 모름지기 인간이라면 어떻게 살다가 어떻게 죽어야 하는지 사는 동안은 치열하게 고민해야 할 문제이기 때문이다.

유명(留名)까지는 아니더라도 사후에 세인들 입길에 추저분한 이름으로 오르내리지는 말아야 한다는 게 비단 나만의 생각은 아닐 것이다.

신묘년 해넘이를 불과 2주일여를 앞두고 북한에는 국상(國喪)을 맞았다. 춥고 배고픈 현실에서 북한 주민들의 애끓는 통곡이 남한 사람들에겐 고개가 갸웃거려질 일이었다. 그럼에도 북한의 국상이 일파만파로 한반도 미래에 미칠 파장을 걱정해야 하니 우리에게도 예사로운 일이 아님은 분명했다. 매스컴에서 연일 메가톤급 뉴스로 다뤄지는 것도 그 때문이리라.

뒷산에 운동 나온 사람들이 삼삼오오 둘러앉아 그의 사망을 둘러싸고 설왕설래 하더니 '잘 죽었다'는 말로 결론지었다. 한 인간의 죽음을 바라보는 시각이야 제각각이지만 네거티브 일색인걸 보니 독재자의 사후는 세인들의 입에 욕가마리로 남는 건 당연지사이겠구나 싶었다.

예전 우리 고향에도 혼자 사는 할머니 한 분이 계셨는데 불행히도 말년에  광녀(狂女)가 되었다. 몇 해를 광녀로 살면서 마을 사람들에게 엔간찮게 진대를 붙이다 죽었다.

"고마 잘 돌아갔다." 야박스러울 만치 냉담한 이 한마디 속에 동네 사람들에겐 후련함, 미안함이 동시에 응축되어 있었다. 아무도 반겨하지 않는 이승에서의 고단한 삶을 내려놓고 왕생안락 하라는 간절한 바람을 실어서 마을 사람들은 망자를 후히 보냈다. 사후에 '잘 죽었다'는 말을 듣는다는 건, 무소불위의 독재자나 기로(耆老)의 필부나 생전 삶이 바르지 못했다는 방증일 것이다.

죽음 앞에서는 모든 인간이 얼핏 공평한 것 같지만 그런 것만도 아니다. 죽음의 호칭이 달라지면서 그 격도 분명히 달라지기 때문이다. 독재자의 죽음이 북한 사람들에게는 '서거'이지만 남한 사람들에겐 그저 '사망'일 뿐이다. 그런데 인터넷에서 일부 종북단체가 장례

기간 중에 '서거'라는 표현을 쓰며 과하게 애도를 표해 다수의 정서에 거슬려 논란거리였다. 한 인간의 죽음을 두고 '잘 죽었네, 못 죽었네.'라고 입정사납게 구는 건 사자(死者)에 대한 예의가 아니지만 독재자에게 '서거'의 표현은 쥐구멍에 홍살문이고 개발에 편자처럼 가당치않다. 북한 동포들이 아사(餓死)하고 주린 배를 이기지 못해 꽃제비가 되어 국경을 떠도는 데도 독재자와 그 추종 세력들만 호의호식하며 핵무기 개발에 광분했다. 그런 독재자의 죽음을 애달파 할 일이 뭔가. 천부당만부당이다.

우리말에 죽음의 동의어가 그렇게 많은지 몰랐다. 기껏해야 돌아가다, 세상을 떠나다, 숨을 거두다 정도만 알았는데 국어사전을 가까이 하면서 '죽음'을 뜻하는 단어가 무수히 많다는 걸 알았다. 외국어에도 이처럼 죽음의 표현이 다양할까 적이 궁금했다.

종교에 따라, 직업에 따라, 신분에 따라, 시대에 따라 죽음의 격을 달리한다. 종교적으로 보면 개신교에서는 '소천' 불교에서는 '입적' '열반' 천주교에서는 '선종'이라 한다. 신분상으로 나타내는 죽음은 왕의 죽음을 '붕'이라고 하고 귀인의 죽음을 '훙거'라고 했다. 선비들의 죽음을 '불록(더 이상 녹을 받지 않음)' 일반 백성들의 죽음을 '졸'이라고 했다.

현대에서는 대통령이나 높은 사람의 죽음을 '서거'라 하는 것 외에는 거의 비슷한 격으로 쓰이고 있는데 요즘에는 별세(세상을 이별하다)가 널리 쓰이고 있다. 그 밖에도 죽음을 뜻하는 어휘는 타계하다,

운명하다, 영면하다, 몰하다, 작고하다, 유명을 달리하다, 궂기다, 땅보탬하다, 뒈졌다 등등이다.

관용구로 나타내는 죽음의 의미는 무겁고 엄숙함보다는 해학적이랄 수 있다. '눈에 흙이 들어가다' '눈이 꺼지다' '골로 가다' '황천길 가다' '북망산천을 가다' '불귀의 객이 되다' '밥숟가락을 놓다' '칠성판을 짊어지다' '나무코트를 입다' 등 찬찬히 살펴보면 이것보다 더 많을 수도 있다.

살아있는 사람이라면 언젠가는 다 죽음을 맞이하는 게 생자필멸의 운명이다. 나는 쉰이 가까워질 무렵부터 불쑥불쑥 막연한 불안감이 들기 시작했다. 내가 잘 살고 있는 걸까, 내가 이 세상에 없을 때, 내 자식들은, 또 지인들은 나를 어떻게 기억할까. 아니 기억을 해주기나 할까 더러 고민을 했지만 이제는 그런 불안 자체가 부질없다는 걸 알고 있다. 그런 불안을 느낄 여력으로 살아있는 동안 더 열심히 살면 그뿐이다. 사후까지 걱정할 일은 아니기에….

언젠가 등산을 하다 등산로 입구에서 허름한 팻말에 쓰여진 캠페인을 보는 순간 마음이 개운해졌다.

'쓰레기는 되가져갑시다'라는 단순한 문구인데 어떻게 보면 인간의 삶과도 아귀가 딱 맞지 않을까 싶었다. 이 세상에 왔다갈 때, 내가 머물던 자리를 어질러 놓거나 저지레해 놓은 것 없이 말끔히 치워놓고 가야겠다는 의지를 다졌다. 누군가 손댈 것도 입댈 것도 없이 잘 갈무리하는 삶이라면 사후에 이름을 남기지는 못하더라도 누(累)를 남기지는 않을 것이다.

어쨌든 '아무개 잘 죽었다'라는 말은 듣지 말아야 하지 않겠는가.

(2012년)

# 곗술로 낯내기

속담 모음집을 훑다보면 무릎을 탁 치게 하는 표현에 시간 가는 줄 모르고 홀릴 때가 여러 번이었다. '곗술로 낯낸다'는 말도 그랬다. 한자숙어로는 계주생면(契酒生面)인데 문장은 다르지만 '계주생면'과 뜻을 같이하는 속담도 심심찮다.

'상갓집 술로 친구 사귄다'

'남의 떡으로 설 쇤다'

'곁집 잔치에 낯을 낸다' 등 남의 것으로 제 생색을 내고 사사로이 이익을 취한다는 뜻이다. 생색을 내려면 의당 제 것으로 내야지, 어찌 남의 것으로 생색을 낼 수 있단 말인가. 그런 일 자체가 참으로 치사스럽고 낯간지러운 짓이 아닐 수 없다.

예전에 내 고향마을에도 계주생면을 일삼는 아주머니가 있었다.

우리 또래 아이들에게는 더할 수 없이 인심 좋고 푼푼한 분이었다.

잔칫집 과방에 앉아 조무래기들이 과방 앞을 들락대면 보는 대로 불러서 떡이며 부침개 부스러기를 한 움큼 집어 주었다. 얻어먹는 아이들은 마냥 신나고 횡재한 기분이지만 잔치 음식을 그렇게 요량 없이 흔전하게 퍼내기만 하면 안 되는 것이다.

정확하게 손[客]의 규모를 알 수 없는 상태이고 모자라면 급히 어디서 변통해 댈 수도 없는 음식들이라 아낄 수 있을 만큼 아껴야 하는 게 과방자리를 지키는 책임이다.

모내기철 들밥을 먹을 때도 그 아주머니의 인심은 유감없이 발휘되었다. 지나가는 사람이나, 날아가는 까마귀까지 다 불러 세워 국수 한 그릇씩 말아 먹여야 직성이 풀리는 분이었다. 그런데 퍼주기 인심이 매양 한결같다면야 문제 될 게 없지만 자신의 재물과 상관없을 때만 이뤄졌다는 게 문제였다.

그 아주머니 댁 모내기 날엔 전혀 다른 상황이 벌어졌다. 품앗이로 놉겪이 할라치면 수효를 정확히 맞추어 음식을 내왔기에 놉들은 나쁜듯이 새참을 먹었다. 그런 단작스러운 처사로 인해, 마을사람들의 입길에 단골로 오르내렸다는 걸 세월이 많이 흐른 뒤에 알았다. 우리 고향이 집성촌이라서 그렇지 각성바지가 사는 곳이었다면 아마 그 아주머니는 돌림쟁이가 되어도 백번은 더 되었을 것이다.

작년 11월, 연평도 폭격사건이 나자 공포에 질린 주민들이 황망하게 육지로 피란을 나왔다.

광역단체장인 시장은, 영어 캠프에 참가중인 연평도 학생 106명을 위로하는 차원에서 백화점에 데리고 가 각자 20만원 상당의 선물을 사줬다. 훈훈한 미담이 화제가 되기도 전에 '계주생면'인 걸로 확인되었다.

연평도 지역에서 공중보건의를 지낸 어느 의사의 기부금으로 선물을 사고서는 마치 시장이 사준 것처럼 트위터에 자랑을 했다가 망신만 톡톡히 사고 말았다. 일개 개인으로서도 면목 없는 일이지만 벼슬살이로서는 더 더욱 사려 깊지 못한 처신이었다.

요즘 정치가에서는 대중 인기에 영합하려고 무상복지가 봇물처럼 쏟아진다. 그 또한 계주생면이기는 마찬가지다. 국민의 세금으로 재원을 메워야 하는 걸 빤히 알면서도 나라의 곳간이 바닥이 나건 말건 무조건 퍼주자고 하는 건, 세금 낼 사람에게 물어보지도 않은 월권행위이다. 우선 먹는 곶감이 달콤하니 뒷일은 생각지도 않고 여기저기서 무상복지를 환영하면서 "더! 더!"로 맞장구 치고 있는 형국이다.

훗날 우리 자식들 세대가 오늘의 포퓰리즘 뒷감당을 고스란히 짊어져야 할 것을 생각하면 나는 마음이 언짢다.

한때, 세계 경제 7위의 부국으로 알려졌던 아르헨티나는 페론 대통령 부처(夫妻)가 마구 저지른 복지 포퓰리즘으로 반세기가 넘도록 회복불능에 허덕이는 걸, 아는 사람은 다 아는 일이다. 또 지금의 그리스도 과도한 복지정책으로 나라살림이 거들나는데 일조를 했고 이젠 국가부도설이라는 절체절명의 위기에 몰려있다.

그럼에도 불구하고 표 얻기에 급급한 정치인들은 아르헨티나와 그리스를 타산지석 삼을 의지가 전혀 없어 보인다. 나라 곳간이야 어떻든 내 알 바가 아니라는 듯 매일매일 복지만 쏟아내고 있다.

복지는 꼭 필요한곳에다 더 많이, 더 제대로 쓰여야지, 무조건의 보편적인 복지를 부르짖는 정치인들의 행태는 남의 떡으로 설 쇠려는 심보로 밖에 보이지 않는다.

작년 연말과 설날을 전후해 어느 익명의 기부자가 서울 모 구청 마당에 쌀 70포대를 부려놓고 갔다는 뉴스를 보았다.

독거노인, 소년소녀가장, 결식아동들에게 전해주라는 쪽지만 남긴 채. 또 담양군청에 현금 1억 원이 든 상자를 전해주고 간 익명의 기부자는 불우학생들의 장학금으로 써 달라는 부탁만 했단다.

티끌만한 선행에도 낯내고 싶어 안달하는 사람들이 많고 남의 것으로 제 낯내려는 사람들 또한 많은 세상에 얼굴 없는 천사들의 나눔정신에 저절로 고개가 숙여진다. (2011년)

# 나의 냉장고

주부에게 새 냉장고 들여놓는 날의 기분은 아주 특별하지 않을까 싶다. 얼마 전, 나는 냉장고를 새로 장만했다. 주부가 된 이후 세 번째로 맞아들인 냉장고다. 전자제품 가게 앞을 지날 때마다 눈독을 들일 만큼 탐이 났던 양문형 냉장고를 내 부엌에 들여놓고 보니 꿈만 같았다. 나는 온종일 냉장고 앞에서 얼쩡얼쩡 시간을 보내다시피했는데 누가 봤으면 그 사랑땜이 참으로 유난스럽다 할지도 모르겠다.

앞서 두 번의 냉장고를 장만했을 때도 그랬다. 세상을 다 얻은 듯한 설렘으로 잠자리에서 벌떡 일어나 냉장고 앞으로 가 누워 있기도 했다.

신혼시절, 우리 집에는 냉장고가 없었다. 냉장고 살 돈이 아주 없었던 건 아니지만 저축이 우선이었던 우리 부부는, 생활필수품에서 냉장고도 빼버렸다. 여름 한 철은 좀 불편했지만 그런대로 지낼만 했다.

이듬해 큰아이가 태어났고, 6월 하순에 아이의 백일잔치를 치렀다. 장마철이라 습기도 많고 날씨도 후텁지근해 음식을 조금만 장만했는데도 음식이 남았다. 실온에서 보관한 음식들은 하룻밤이 지나자 부패가 확연히 눈에 띄었다. 백설기엔 푸릇푸릇 곰팡이가 돋아났고 미역국은 상해서 시큼한 냄새가 났다. 잡채 또한 미끈미끈한 진이 흘러나와 도저히 먹을 수가 없었다. 상한 음식을 버리려고 했을 때, "내가 먹으마. 백일음식 버리면 아이에게 안 좋단다."하시며 시어머님이 한사코 가로막고 나섰다. 식중독 일으킨다고 아무리 만류해도 막무가내셨다. 고부간에 승강이를 하다 어머님은 결국 남은 음식을 다 드신 뒤에야 대구 큰댁으로 가셨다.

냉장고가 없어 상한 음식을 드시게 했다는 죄스러움에 시어머님이 가신 뒤 나는 마음이 불편해 견딜 수가 없었다.

다음날 아이의 백일반지를 몽땅 들고 나가 현금으로 바꾼 뒤, 냉장고를 들여놓았다. 세상없어도 그렇게 해야만 할 것 같았다. 200L 냉장고를 들여놓던 날의 그 느꺼움을 나는 지금도 잊지 못한다. 좋은 물건이나 사람을 앞에 두고 쳐다만 봐도 배가 부르다는 것도 그때 알았다.

나의 첫 냉장고는 10년 동안 고장 한번 안 일으키고 우리 가족과 함께 했다. 하지만 두 아이가 자라고 보니 4인 가족에 200L 냉장고로는 턱없이 비좁았다. 쟁여놓은 식품들이 냉장고 속에서 숨도 못 쉴

것만 같았다.

작은 냉장고가 불편했지만 고장이 난 것도 아닌데 용량이 작다는 이유로 버리고 새것을 들인다는 건 우리 부부의 생활 모토(motto)와도 배치되는 일이었다. 그래서 궁리 끝에 나는 냉장고를 내 손으로 장만해 보기로 했다. 그 당시 모 방송국에서 주부들을 대상으로 한 퀴즈프로가 있었는데 퀴즈에 관심이 많았던 내가 도전하기엔 마침 맞다는 생각이 들었다.

'듣보기 장수 애말라 죽는다'고 했듯이 나는 오직 냉장고 하나에만 건몸달아 있었다. 내가 퀴즈대회에 나가 냉장고를 타오겠다고 공언(公言)했을 때, 정작 가족들은 공언(空言)으로 여기며 구덥잖아 했다. 그도 그럴 것이 잔부끄럼 많고 열없는 내 성격을 잘 아는 가족들이기에 그런 반응은 어쩌면 당연한 것이었다.

벼르고 별러 결국 나는 주부퀴즈대회에 나갔고 거기서 얼떨결에 우승까지 했다. 냉장고를 비롯해 세탁기, 텔레비전, 식기세척기, 전자레인지, 침대, 밥솥 등등 열한 가지 살림을 거머쥐고 개선장군처럼 보무당당히 돌아왔다.

200L보다 갑절이나 큰 450L 냉장고를 내 힘으로 장만하고 보니 그 감격은 이루 말할 수가 없었다. 행운으로 얻은 냉장고는 우리 가족과 또 10년을 함께 했다. 그렇게 커보이던 냉장고 속이 보관된 식품들로 가득 차고 보니 다시 더 큰 냉장고 욕심이 났다. 새 냉장고를 들이려고 나는 근 한 달여를 남편에게 따리꾼 노릇도 불사했다. 냉장

고 평수를 늘리는 것도 집 평수 늘리는 것 못잖이 재미라는 걸, 결혼 22년 동안 나는 충분히 맛보았다. 이번에 들여놓은 680L짜리 냉장고는 고장만 나지 않는다면 나에게 마지막 냉장고가 되지 않을까싶다.

"가방 크다고 공부 잘 하냐?" 큰 냉장고 사줬더니 먹을 게 더 없다며 남편은 투덜거렸다.

새 냉장고 앞에만 서 있으면 그런 불평쯤도 나에겐 꽃노래처럼 들릴 뿐이다. (2008년)

# 엉덩이에 관한 한담(閑談)

노량진 전철역 육교를 오르는데 앞서가는 여자의 엉덩이가 눈에 들어왔다. 아이보리 색깔 타이트스커트를 입은 여자의 엉덩이가 유난히 커 보였기 때문이다.

나는 엉덩이가 큰 여자는 무조건 뒤태가 밉상이라는 선입견이 있었다. 그런데 내 앞에 걸어가는 여자는 엉덩이가 컸지만 잘록한 허리 때문인지 밉상은커녕 뒷모습이 무척 고혹적이었다. 큰 엉덩이에 걸맞게 볼륨감이 마치 모래시계를 보는 듯 X자의 안정된 몸매인지라 단박에 뭇사람의 시선을 끄는 매력이 있었다. 여자인 내가 봐도 예사 느낌이 아니었는데 엉큼대왕 남자들이 본다면 그 느낌은 훨씬 더 강렬한 유혹으로 다가오지 않았을까 싶다.

몇 해 전, 남편과 경기도 동두천에 위치한 소요산에 갔을 때였다. 소요산 등산로는 '자재암'이란 암자 뒤쪽에서 시작되는데 워밍업도 없이 시작부터 절벽 같은 계단이 기다리고 있었다. 겨우 한 사람씩 오를 정도의 가파른 등산로는 추월하기도 힘든 코스여서 개미처럼 일렬로 줄지어 오르는 형국이었다. 남편이 뒤를 돌아보며 바로 앞에 가는 여자를 좀 보라고 턱으로 가리켰다. 왜 그러는지 나는 금세 알 수 있었다. 남편이 가리키는 여자는 과장 없이 엉덩판이 안반만 했다.

등산바지가 미어 터질 듯해 보는 이를 아슬아슬하게 했지만 그러건 말건 엉덩이를 흔들며 여자는 열심히 오르고 있었다.

"저 여자 엉덩이 큰데 당신이 뭐 보태준 거 있어요?" 라며 그저 볼만장만 하라는 뜻에서 핀잔 섞인 말투로 내가 한 마디 했다. 그러자 남편은 제꺽 응수했다.

"이왕이면 엉덩이가 작은 여자보다야 큰 여자가 좋지, 애를 낳아도 더 잘 낳을 게 아닌가벼."

나는 엉덩이 작아도 아들만 쑥쑥 잘 낳았다며 호기롭게 되받았다. 하긴 내 엉덩이가 작았던 탓일까, 나는 아이 둘을 제왕절개수술로 낳았다. 어쩌면 낳았다기보다 꺼냈다는 표현이 더 맞을지 모른다. 그날 중백운대까지 한 시간여를 낯선 여자의 안반 같은 엉덩이만 감상하며 등산을 했다. 엉덩이 큰 여자는 뒤태가 곱지 않다는 선입견을 그때 확실하게 각인하지 않았나 싶다.

지금도 소요산을 떠올릴라치면 주책없게도 나는 그 여자의 엉덩이가 제일 먼저 떠오른다.

그리스 신화에 12신(神) 중 미의 여신인 아프로디테는, 탄생신화도 신기하거니와 그 뜻은 더욱 신기하다. 아프로디테란 '아름답고 큰 엉덩이의 소유자' 라는 뜻이니 아무래도 아프로디테는 얼굴보다 큰 엉덩이가 더 매력적인 여신이 아니었을까 엉뚱한 추측도 가능케 한다.

TV사극에서 만나는 옛날 기생들은 엉덩이를 유난히 강조하는 면이 있다. 걸음걸이도 엉덩이를 실기죽거리며 걷고 치맛자락을 조여 잡으며 둔곡미를 한껏 뽐내기도 한다. 주로 남자들을 호릴 심산으로 그런 도발적인 몸짓을 하는데, 거기 혹해서 헤벌쭉 하다가 마침내 난봉쟁이 되기가 십상이다. 그런 시러베아들이 도처에 널렸다는 게 유감이면 유감이리라.

인터넷 시대가 열리고부터 국어사전에도 없는 말이, 신조어라는 이름으로 쏟아져 나오고 있다.

생경하던 단어도 입에서 입으로 전해지면서 시나브로 우리에게 표준어처럼 익숙해져 버리는데 바로 '짱'이란 말이 그런 경우다. '최고'의 의미로 쓰이는 짱은 어느새 접미사 노릇을 톡톡히 하고 있다. 얼굴이 예쁘면 '얼짱' 몸매가 좋으면 '몸짱' 키가 크면 '키짱' 심지어 엉덩이가 예쁜 여자를 '엉짱'이라고 하는 모양이다. 온갖 짱으로 넘쳐나는 세상에 나는 어떤 짱일까 생각해보니 피식 웃음이 나왔다. 어느 것 하나 어연번듯한 게 없는 나는, 얼굴도 몸매도 키도 엉덩이도 죄다 꽝에 가깝다. 아무리 시새움내도 신체적 조건은 어쩔 수 없이 나는 가난한 짱이다.

신경림 시인은 그의 시 '가난한 사랑노래'에서 '가난하다고 해서 사랑을 모르겠는가' 라고 설의법으로 처리했다. 그렇다. 가난한 짱이라고 난들 욕심나는 짱 하나야 없겠는가.

정말 가당찮은 욕심이지만 나는 '글짱'이라는 소리를 들었으면 좋겠다. 나더러 부엉이 욕심 같다고 하면 할 말은 없지만 말이다.

(2009년)

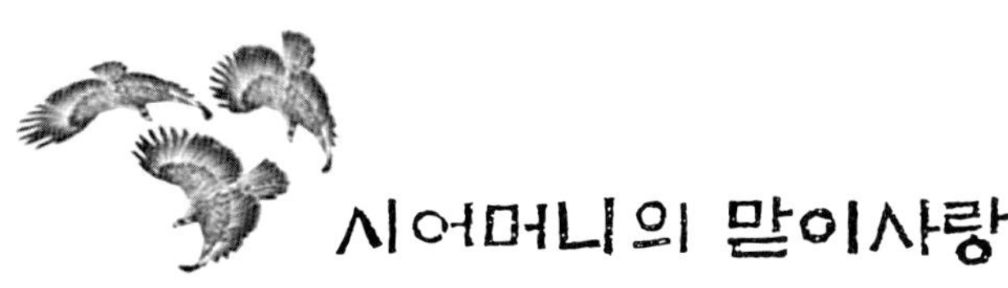

# 시어머니의 맏이사랑

태어나는 순서를 스스로 고를 수 있게 한다면, 장남은 피하고 싶은 게 인지상정일 것이다. 더욱이 가난한 집안의 장남으로 태어나는 거라면 백이면 백, 다 손사래를 치며 족불리지(足不履地)로 줄행랑을 놓을 건 뻔한 일이다.

장남이라는 굴레를 오달지게 뒤집어 쓴 이범선의 소설 '오발탄'을 떠올려 보면 금새 이해가 가고 남을 것이기에. 숨 막히는 생활고에 둘러싸여 한 인간으로서 감당할 수 없는 패배와 절망을 반복하는 주인공 철호의 긴 한숨소리가 귓전을 맴도는 것 같다.

전후(戰後)의 비참한 현실 속에서도 주인공은 인간 본연의 성품을 잃지 않고 진실 된 삶을 추구하지만 가난이란 괴물은 두억시니보다 더 모질게 철호의 어깨를 짓누른다. 가난한 집안의 장남으로 태어난 것을 두고, 스스로를 조물주의 '오발탄(誤發彈)'으로 자조할 만큼 철호의 어깨엔 해야 할 구실의 지게가 겹겹이 얹히어져 땅과 맞닿아 있을 지경이다.

5, 60년대, 가난한 집안에 줄줄이 사탕처럼 졸망졸망한 동생들이 딸려있는 장남의 역할에 비하면 요즘 세대의 장남 노릇은 식은 죽 먹기라 해도 과언이 아니다. 예전에 비해 풍족한 살림살이도 그렇거니와 저출산으로 단출해진 형제에서 장남의 자리가 굴레라는 말은 되레 어색하게 들릴지도 모른다.

하지만 아무리 풍족한 세월이고 단출한 형제의 장남이라 하더라도 장남만의 내리사랑 덕목은 영속되어야 한다는 게 내 생각이다. 부언하자면, 장남의 자리는 더 많이 양보하고 더 많이 사랑하고 더 많이 인내해야 되는 천생으로 특무를 부여받은 자리가 아닌가 싶다.

나도 두 아들을 키우고 있다. 아이들이 다 자라니 싸우는 일도 없지만, 우리 아이들도 어렸을 땐 꽤나 툭탁거렸다. 네 살 터울인데도 작은아이는 제 형에게 곧잘 대들었다. 그럴 때마다 나는 큰아이를 나무라곤 했다. 잘잘못을 따지기에 앞서 형이니까 동생에게 무조건 양보하고 감싸줘야 한다는 게, 내 생각이었다. 그런 나의 훈육에 강력하게 제동을 걸어온 분은 시어머님이셨다. 막내인 우리 집에 다니러 오셨다가 두 녀석이 싸움질하는 걸 보게 되었다.

내가 작은아이를 두남두어 큰아이만 야단치자 어머님은 불편한 안색을 하셨다. 이튿날 아이들이 학교에 간 뒤, 어머님은 나를 불러 앉히고는 존조리 타이르셨다.

"두 녀석이 싸우거든 무조건 작은 녀석을 야단치거라. 잘했든 잘못했든 동생이 형에게 대드는 건 절대 안 될 일이다. 작은 녀석 앞에서 큰 녀석 야단치면 제 형을 만만하게 여기게 되느니라. 그러니 굳이 야단을 치려면 작은아이 없는 곳에서 하거라."

시어머님의 남다른 맏이사랑을 알고 보니, 시댁 6남매의 구순한 정이 어디에서 비롯된지도 알 것 같았다.

남편의 동기는 6남매이다. 6남매의 맏이인 큰시숙님은 더덜없이 도덕교과서 같은 분이다. 아버지가 안 계시는 자리를 대신해 동생들에겐 든든한 부모맞잡이셨다. 물론 거기엔 후덕한 맏며느리인, 큰형님의 내조도 어금지금하게 한몫했음은 두말 할 나위가 없다.

부끄러운 얘기지만 내가 부모님 슬하에 있을 때, 친정어머니께 자주 들은 말이 있다. "너는 남의 집 종부 노릇은 절대 못한다."고.

하도 들어서 귀에 딱지가 앉을 정도였다. 풍신도 그렇거니와 천성적으로 손 작고 마음씀씀이도 잘다는 게 그 이유였는데, 나는 그 말이 조금도 달갑지가 않았다.

"맏며느리는 날 때부터 타고 난다던가? 앞에 닥치면 다 하는 거지." 라고 쨍쨍대며 어머니의 우려를 알면서도 나는 조금도 동의하려 들지 않았다.

결국은 어머니의 바람대로 나는 막내며느리가 되었는데, 결혼을 하고 보니 친정어머니의 염려가 노파심만은 아니라는 걸 절절히 깨달았다. 시댁 큰형님 내외분을 뵐 때면 맏이그릇은 따로 있다는 옛 어른들 말씀이 진리처럼 되새김질 되었기 때문이다.

무척이나 오래 전 일이다. 낭패스러웠던 그날의 기억을 길어 올려 보면 낭패스러움은 저만치 사라지고 이내 가슴이 훈훈해진다.

93년 봄, 남편은 처음으로 차를 사면서 중고차를 샀다. 중고차를 살 때는 열 모로 뜯어보며 검질기게 달라붙어도 모자랄 판에 아는 분의 얼싸절싸로 덜렁 차부터 사고 말았다. 사전지식도 없이 얼보기로 차를 샀으니, 이미 낭패를 잉태하고 있었는지도 모른다. 차는 수시로 고장을 일으켰다. 수리비만 냉큼냉큼 잡아먹는 놈이 예쁠 리도 만무하건만, 미운 벌레가 모로 긴다더니 우리 가족에게 오달지게 언걸을 먹이고서야 제 수명을 다한 듯 얌전해졌다.

그 해 추석, 친정 갔다 오는 길에 차가 길복판에서 퍼더버렸다. 포항에서 출발해 영천쯤 왔을 때, 갑자기 시동이 꺼지는 바람에 옴짝달싹 할 수 없는 처지가 되었다. 길 복판에 떡하니 서 있자니 다른 차들에게 우리 차는 자연 밉살꾸러기가 되고 말았다. 손으로 밀어서 겨우 갓길로 끌어냈다. 휴대폰이 극소수 사람들에게만 있던 시절이라 어디다가 연락을 취하기조차 난감했다. 차에 갇힌 시간이 길어지자 아이들이 슬슬 주니를 내기 시작했다. 남편은 십여 분을 걸어 공중전화를 찾아나섰다. 가까스로 큰시숙님과 통화가 됐는데 대구에서 30분 만에 큰시숙, 작은시숙 두 분이 달려오셨다. 견인차를 불러야 했지만 비용이 발생한다고 굵은 밧줄을 이용해 우리차를 연결해 무사히 대구까지 데려가 주셨다. 피붙이 일이라면 열 일 제치고 득달같이 달려오시는 두 분 시숙님을 보면서 '형제 없는 사람은 어떻게 살까?' 싶은 생각이 가장 먼저 들었다.

큰시숙님은 가난한 집안의 장남으로 동생들 치다꺼리 하느라 변변한 학력조차 가지지 못했다. 그러나 시숙님의 올곧은 품성은 다섯 동생들의 삶에 진정한 멘토가 되어주셨다. 의초로운 여섯 남매들이 형우제공(兄友弟恭)하며 살아가는 가족 속에 나도 그 일원이라는 게, 여간 고맙지가 않다.

윗물이 맑으면 아랫물도 맑다고 했다. 또한 꼭뒤에 부은 물이 발뒤꿈치로 내려올 때 맑은 물을 부으면 맑은 물이, 구정물을 부으면 구정물이 도달하는 건 당연한 이치이리라.

내리사랑은 있어도 치사랑은 없다고는 하지만 여태 시숙님께 받은 사랑을 반만이라도 보답해 드려야 할 것 같다.

시어머님의 융숭한 맏이대접이 집안의 윤기(倫紀)를 바로 세우고 동기간 띠앗을 넓고 깊게 만드는 구심력이라는 걸 실증으로 내보이셨듯이 나도 그러리라. 현명하신 어머님께 맏이사랑을 아직도 더 배워야 할 것 같다. (2009년)

# 조장 조장 조장

## 조장(鳥葬) - 엽기적인 장례식

동서고금을 망라하더라도 가장 일반적인 장례법은 매장이나 화장이다. 그런데 인터넷을 검색하다 무척이나 이색적인 장례법이 있다는 걸 알았다. 나라마다 풍습이 다르고 문화가 다르듯 장례문화 또한 다를 수도 있겠지만 티베트의 조장(鳥葬)은 괴기스럽다 못해 엽기적이었다. 온몸에 소름이 돋을 지경이니 나처럼 심장 약한 사람은 차라리 모르는 게 나을 뻔했다.

조장은 사체를 떠메고 산꼭대기로 올라가 독수리들이 서식하는 곳에 부려놓고는 독수리가 시신을 쪼아먹을 때까지 기다린다고 한다. 독수리떼가 포식하고 앙상하게 뼈만 남으면 시신을 토막 내어 그것마저도 독수리에게 던져 주는 게 장례의 마지막 절차라 한다. 망자의 영혼을 새가 담아서 극락정토로 가져간다고 티베트사람들은 믿기에 뼈까지 싹싹 먹어치우는 게 망자에겐 더할 수 없는 복이라 한다. 마기말로 그렇다 치더라도 그들의 엽기적인 장례풍습은 21세기인 지금도 행해지고 있다니 내가 티베트에 태어나지 않았다는 게 천만다행이라고 여겨졌다.

우리나라의 장례문화도 이미 화장이 매장을 능가했다고 한다. 금수강산이 묘지강산으로 변해가는 현실을 인식한 나머지 너도나도 화장에 동참하고 있다니 좋은 일이긴 하다. 하지만 나는 훗날 매장되고 싶다. 사는 동안 별다른 욕심 부리지 않고 내가 지닌 분수보다 늘 못 미쳐 살았으니 죽어서 한두 평의 땅을 갖고 싶은 게 욕심일까. 시대에 역행한다고 남의 입길에 오른다 해도 내 육신은 땅보탬이길 소망한다. 그것은 내 자식들과 소통할 수 있는 공간을 만드는 일이기 때문이다. 육신이 한 줌의 재가 되어 단박에 사라지고 마는 허망함보다는 땅속에 누워 세월 따라 그저 무훼무예 서서히 잊혀져가고 싶을 뿐이다.

## 조장(助長) - 기다림의 미학

'도와서 성장 시킨다'는 조장(助長)이 뜻풀이대로라면 긍정적인 의미로 쓰여야 마땅하다. 하지만 '사행심을 조장하다' '과소비를 조장하다' '지역감정을 조장하다' 등등 무엇을 부추기고 꼬드기는 느낌의 부정적인 의미로 굳어져버린 것은 아마도 조장의 유래에서 기인되지 않았을까 싶다.

송나라의 한 농부가 다른 논에 비해 자기 논의 벼 이삭이 더디게 피는 걸 안타깝게 여겨 벼이삭을 일일이 손으로 뽑아올리는 일을 하였다. 벼이삭의 성장을 도왔으니 당연히 벼가 더 빨리 자랄 거라 믿었다. 다음날 논으로 나가보니 벼가 자랐기는커녕 말라 죽어가고 있었다. 농부는 자신의 어리석음을 후회했지만 이미 때는 늦어버렸다. 이렇듯 조급함이 화가 되어 농부는 농사를 망치고 말았다. 느긋하게 기다릴 줄 알았더라면 조장의 의미도 달라졌을 것이다.

작은아이는 초등학교를 일곱 살에 입학했다.

생일이 2월생이라, 여덟 살짜리 아이들과 함께 입학통지서가 나오는 바람에 등 떠밀리듯 학교에 가게 되었다. 한글도 완전히 못 뗀 아이를 학교에 보내고 보니 아이는 수업 따라가기도 버거워했다. 받아쓰기 시험도 또래아이들은 100점이 수두룩한데 비해 작은애는 늘 반타작이 고작이었다. 엄마인 나는, 그런 아이를 지켜보자니 절로 조바심이 쳐졌다. 매일 밤 회초리를 옆에 놓고 아이와 나는 한글떼기에다 선행학습을 하느라 힘겨운 싸움을 벌였다. 오늘 가르친 것을 내일되면 잊어버려 떡심이 풀린 나머지 아이를 윽대기며 더러 회초리를 들기도 했다.

얼마 전이다. 작은애가 밥상머리에서 "내가 초등학교 1학년 때 엄마는 공부 가르치며 왜 그렇게 나를 윽박지르며 때리셨나요? 그깟 한글도 못 읽을까봐서요?"하며 그때의 일을 들춰냈다. 지나가는 말처럼 했지만 녀석에겐 십여 년 전의 일들이 아직도 아픈 기억으로 남아있는 듯했다.

송나라의 어리석은 농부가 바로 나였음을 알았다. 아이 말마따나 좀 더 느긋이 기다릴 줄 알았더라면 시간이 저절로 해결해 줄 수도 있었을 텐데….

세상사에 올되는 게 있으면 늦되는 것도 있게 마련인데 나는 왜, 내 자식이 늦되는 것에만 그렇게 안달뱅이 노릇을 했을까. 조장과 욕심은 닮은꼴인가 보다.

## 조장(組長) - 내 아들 초식동물

제주도로 수학여행 간다며 한껏 들떠 있던 작은애가 정작 여행 전날은 표정이 그리 밝아 보이지 않았다.

"엄마, 나 조장(組長) 되었어요." 라며 무거운 짐 하나를 떠안아 걱정스럽다는 듯이 말했다. 다 큰 녀석들이긴 하지만 반장 혼자서 서른다섯 명이나 되는 반원 전체를 통솔하기란 버거울 테지. 일곱 명씩을 다섯 조로 나눠 조장들이 역할분담을 한다는 건 바깥나들이에서는 꼭 필요한 일 일게다.

나는 작은애가 조장을 맡아 온 게 그리 싫지만은 않았다.

'그래도 장(長)인데….'

가끔 추억을 떠올릴 때, 우리 부부에겐 '그날 참 좋았지!' 라고 반추되는 날이 있다. 큰아이가 중학교 2학년 때 반장에 당선되어 온 바로 그날이다. 남들은 그게 무에 대수이고 호들갑을 떨 일이냐고 할는지 모르지만 우리 부부에겐 흐뭇하기 짝이 없는 날이었다.

남편과 나는 둘 다 내성적인 편이라서 숫기는 아예 약에 쓰려고 해도 없는 사람들이다. 그러니 학창시절을 통틀어도 임원 한번 맡아본 적이 없는 건 당연하다. 아이들이 리더십 없는 게 우리 탓인 양 늘 마음이 쓰였는데 큰아이가 반장이 되었으니 우리에겐 단순한 기쁨이 아니라 가족사에 길이 남을 경사이기에 충분했다.

요즘 같은 세상에 숫보기로 사는 게 손해면 손해였지, 득 될 건 없는데도 타고난 천성이 그러니 어쩌랴싶다.

2박 3일간의 수학여행을 마치고 돌아온 아들 녀석의 얼굴은 해맑았다. 스트레스로 찌든 일상을 말갛게 씻어낸 듯 아이의 옷깃에는 제주도의 싱그러운 바람이 켜켜이 묻어 있었다.

"너희 조원들 별탈없이 잘 지내다 왔니?"

"그럼요, 우리 조는 초식동물 그룹이라 편했어요."

초식동물이라는 표현에 나는 잠시 눈이 휘둥그레졌지만, 그것은 술도 담배도 싸움질도 않는 순둥이들을 말하는 거라 했다.

조장이 장(長)의 단위 중에 가장 하등 단위지만 아이가 무사히 조장 소임을 완수했다니 그 기쁨은 단연 상등이었다. (2007년)

# 6. 양심은 지켜가는 것

가만히 있으면 중간이나 가지

못 말리는 퀴즈사랑

시계와 달력

변명과 해명

아픈 만큼 성숙해지고

양심은 지켜가는 것

어떤 노욕

현처 빈처 악처

지옥에서 보낸 한철
_15박 16일 이야기

# 가만히 있으면 중간이나 가지

집 뒷산에서 운동을 마치고 내려오는데 40대 초반쯤으로 보이는 두 여자가 내 앞에서 싸목싸목 걷고 있었다. 운동복 차림인 걸로 보아 그들도 운동을 마치고 내려오는 길이었나 보다. 도란도란 담소를 나누며 걷는 그녀들 뒤를 따라 오다가 굳이 엿들으려 하지 않아도 자연스레 들려오는 이야기에 하마터면 나는 큰소리로 웃을 뻔했다.

일상에서 가끔 쓰는 말 중에 '가만히 있으면 중간이나 가지.'라는 말이 있다. 잘 모를 때는 중뿔나게 나서지 않는 게 상책이라는 뜻일 게다.

한 여자가 제 딴엔 역사에 아주 박식한 양 삼국통일의 주역인 김유신 장군 이야기를 하고 있었다.

김유신이 김춘추 집에 놀러가서 축국(蹴鞠)을 하다 옷고름이 터져서 김춘추의 여동생 문희가 그걸 꿰매줬다는 것이다. 그 인연으로 두 사람이 부부의 연을 맺었다는데 실제와 정반대의 이야기를 하고 있는 게 아닌가.

문희는 김유신의 여동생으로 김춘추의 두 번째 아내가 되었고 훗날 태종무열왕의 부인 문명왕후가 된다.

몇 해 전에 또 한번 그런 오류에 앙천대소 할뻔 한 적이 있었다. 청양에 있는 칠갑산 정상에 다다랐을 때였다. 앞서 올라 온 사람들이 노루막이에 앉아 쉬고 있었는데 그들이 나누는 대화가 내 귀를 쫑긋하게 했다. 그 중 한 남자가, 조선6대 임금인 단종이 수양대군에게 왕위를 빼앗긴 뒤 영월 청령포로 귀양 가는 이야기를 하고 있었다. 단종애사(哀史)는 언제 들어도 가슴 먹먹하지 않을까만 그래도 역사적인 사실은 바로 알고 있어야 한다는 게 내 생각이다. 아무리 사소한 것일지라도 말이다.

그 남자는 단종비(妃)를 정현왕후 윤씨라고 거리낌없이 말했다. 정현왕후가 아니라 정순왕후 송씨인 것이다. 정현왕후는 9대 성종의 계비이자 11대 중종의 모후이다. 역시 '가만히 있으면 중간이나 가지.' 라는 말이 입에서 맴돌았다.

아이들에게 두뇌회전과 눈썰미를 기르는 게임으로 원본과 다르게 몇 군데 오류를 낸 뒤 그걸 찾아내는 '다른 그림 찾기' 놀이를 시켜본 적이 있다.

그 남자의 이야기에서 원본과 다른 그림을 뻔히 보고도 짚어낼 수 없어서 안타까웠다. 괜히 잘못 끼어들었다가 말갈망도 못 할까봐서였다. 생김새로 보아 목곧이가 여간 아닌 듯 해, 혹여 그 남자가 나에게 안다니 똥파리 취급이라도 한다면 낭패보는 쪽은 내가 아닌가.

결국 용기가 없어 지적도 못한 채 듣고만 있었지만 그들이 하산한 뒤에도 내내 찜찜했다.

남편은 고시랑대는 내가 되레 이해가 안 된다며 한마디 했다. '정현왕후면 어떻고 정순왕후면 또 어떠냐, 산에 온 사람들이 잘못 알고 있고 잘못 말했기로 그게 무에 대수로운 일이냐.'는 것이다.

산을 내려오면서 '오류에 관해' 곰곰이 생각하다 슬며시 웃음이 나왔다. 오류에 관해 적어도 나는 누구를 비웃적댈 만큼 자유로운 형편이 아닌 듯해서였다. 내 작은아이 때문이다.

큰애와 작은애가 초등학교 다니던 시절, 3박 4일간 불교수련회를 보낸 적이 있었다. 경기도 화성에 있는 사찰인데 겨울방학동안 '단기출가 체험' 프로그램이었다. 수련을 잘 마치고 온 아이들은 힘들었지만 뜻깊은 시간을 보내고 왔다며 자랑을 늘어놓았다. 그러면서 자신들에게 법명이 주어졌는데 큰아이는 원담스님 작은아이는 혜산스님이라고 했다.

그런데 작은애가 느닷없이 주지스님 이야기를 불쑥 던졌다.

"엄마, 주지스님은 왜 그렇게 많아요? '주지' 법명(法名)은 받고 싶은 사람 아무나 다 받는가 봐요."

맙소사! 주지스님의 '주지(住持)'를 법명으로 알았다니….

"주지는 법명이 아니란다. 한 절의 책임자 역할을 하는 분이라고 생각하면 돼. 절마다 한 분씩 있으니 당연히 주지스님이 많아 보이겠지." 자분자분 알려주면서 박장대소 하고 말았다.

지금도 우리 가족은 작은애에게 어린 날의 무식함을 이기죽거리며 "가만히 있으면 중간이나 가지." 하는 말로 아이를 수수꾸게 만들곤 한다.

그것은 아이의 치부를 건드려 부아를 돋우려는 건 아니다. 한바탕 웃음거리를 찾다가 보면 자연스레 그날의 망신스러움을 끄집어내게 된다.

그러고 보니 가만히 있어 중간치 하는 것보다 물덤벙술덤벙 나달거리다가 꼴찌를 할지언정, 삶의 쉼표 하나를 안겨 준 작은애가 무척 귀엽고 사랑스러워지는 이즈음이다. (2008년)

# 못 말리는 퀴즈사랑

노량진 사육신공원 앞을 지나다닐 때면 이태 전 현충일의 오후가 생각난다. 그날의 기억은 잠시 뒤섞인 감정으로 교차하곤 하는데 그것은 신바람과 부끄러움 두 가지일 게다. 늘 정심(正心)으로 산다면 부끄러울 일도 없겠지만 더러는 이성보다 욕심이 한발 먼저 나갈 때가 있다.

2009년 현충일, 점심을 먹고 남편과 함께 운동 삼아 노량진 사육신공원으로 산책을 나갔다. 공원에 이르자, 많은 젊은이들이 약속이나 한 듯이 꾸역꾸역 몰려들었다. 무슨 행사를 벌이나 싶었는데 공원 한 구석에서 번호표를 배부하는 게 보였다. 다가가보니 조금 뒤에 이곳에서 'OX퀴즈 대회'를 열거라는 미니 플래카드가 나뭇가지에서 팔랑거렸다. 나는 눈이 번쩍 뜨였다.

심봉사가 죽은 줄로만 알았던 딸 심청이를 만났을 때 아마도 이렇게 눈을 떴을지도 모를 일이다. 봉천답이 비 마다하랴, 장비가 싸움 마다하랴. 퀴즈라면 자다가 벌떡 일어나 앉을 내가 아닌가.

참가신청 하기를 쭈뼛쭈뼛하는 남편을 부추겨 우리도 번호표를 받았다. 말 타면 경마 잡히고 싶은 게 욕심이라고 하듯이 OX퀴즈에는 일단 머릿수가 많아야 유리할 것 같았다. 공부하는 큰아이는 제쳐두고 노량진 어디에서 놀고 있을 작은아이를 문자로 호출했다.

노는 입에 염불이라도 하면 득이지, 손해 날 게 뭐있으랴 싶었다.

잠시 후 작은아이가 모습을 드러냈다. 망석중이 조종하듯 남편과 아이에게 '나를 따르라' 고만 하고 퀴즈대회 개시를 기다렸다. 노량진에서 가장 규모가 크고 시설이 좋은 Y독서실이 주최하는 것이었고 상품은 독서실 무료 이용권이었다. 등수에 따라 1개월, 2개월, 3개월 차등을 두어 지급한다고 하였다. 노량진에서 시험 공부하는 젊은이들에게 독서실 무료 이용권은 현금이나 진배가 없는 알짜 상품인 건 사실이다. 큰아이가 임용고시 공부하고 있었던 터라 나 또한 꼭 필요하고 욕심나는 상품이긴 마찬가지였다.

참가자가 겉가량으로 쳐도 오백 명은 족히 되어보였다. 퀴즈대회가 시작되자 금세 열기가 뿜어져 나왔다. 역사, 문학, 시사, 미술, 음악, 스포츠 등 다양하게 출제 됐는데 문제는 대체로 무난했다.

우리 가족은 1차 200명에, 2차 100명에, 3차 50명에, 4차 10명으로 추려낼 때까지 승승장구하며 살아남았다. 5차에는 내가 알쏭달쏭해 하자, 남편은 답을 확신한 듯 소신 있게 X쪽으로 가버렸다. 작은

애와 나는 O구역에 남았다가 탈락하고 말았다. 2등 상품으로 독서실 1개월 무료이용권을 받았다. 마지막까지 살아남아 최종우승을 겨뤘던 남편은 장원을 놓치고 말았다.

내가 그 자리에 있었으면 바로 맞힐 문제였기에 나도 모르게 발을 동동 굴렀다. 땔나무 하는 아이와 물을 긷는 아낙이란 뜻으로 평범한 사람을 의미하는 한자숙어를 묻는 문제였다. '초동급부'만 맞히었더라면 독서실을 3개월간 무료로 이용할 수 있었을 텐데….

1개월짜리 두 장, 2개월짜리 한 장, 우리 가족이 획득한 상품을 챙기고 있는데 옆에서 멀거니 보고 있던 한 청년이 "아줌마, 그 상품권 저 한 장 주시면 안돼요?"라고 물었다. 우리도 쓸 곳이 있다고 거절한 뒤 그곳을 빠져나왔다. 집에 와서 생각해보니 우리가 너무 발밭게 군 게 아닌가 싶었다.

참가자 중에 어른은 우리 부부밖에 없었고 거의가 노량진에서 공부하는 젊은이들이었다. 이 상품권이 정말 요긴하게 쓰일 사람(주머니 사정이 간당간당한 젊은이들)에게 주어져야 했는데 우리가 이것을 가로챘다는 생각마저 들었다. 우리는 이 상품권이 아니더라도 큰아이 독서실 비용을 댈 수 있는 여력이 있으니 말이다.

누군가 나에게 제일 잘하는 일이 뭐냐고 묻는다면, 나는 주저없이 퀴즈를 맞히는 일이라고 할 것이다. 퀴즈에 남달리 흥미가 있어 다년간 공부를 했고 실제 방송출연해서 한살림 장만한 적도 있기에 상식이라면 아직 녹슬지 않았다고 자부한다.

그 '뽐'에 겨워, 엉세판의 청춘들을 상대로 애바리 노릇을 하고 말았으니….

이왕지사 내 손에 들어 온 상품이라서 2개월짜리는 큰아이가 사용하기로 하고 1개월짜리 두 장을 들고 이튿날 Y독서실 근처로 나갔다. 누구에게 줘야 가장 요긴하게 쓰일지 오가는 젊은이들을 한참이나 쳐다보았다. 입성이 다소 허술해 보이는 젊은이에게 다가가 독서실 무료 이용권을 내밀었다. 나는 필요치 않는 것이니 가지고 싶으면 가져라고 했더니 정말로 공짜로 주는 거냐고 재차 물었다. 횡재를 한 듯 연신 머리를 조아리며 고마움을 표했다. 다시 한 청년에게 남은 한 장을 건네주고 돌아섰다. 12만 원짜리 상품을 조건없이 낯모르는 사람에게 받는다면 고맙기도 하겠지.

돌아오는 길, 문득 레오 리오니의 동화 '티코와 황금날개'가 떠올랐다. 티코새가 자신의 황금 깃털을 아주 절박한 처지의 사람들에게 하나씩 뽑아주며 느끼던 행복을, 나는 조금이나마 알 것 같았다.

그날의 일을 떠올리면 기분 좋은 추억으로 남지만 한편으로 부끄러움이 싹 가시지가 않는다. 그러나 다시 그런 기회가 있다면 나는 어떻게 할까. 내가 낄 자리가 아니라고 본척만척 해야 옳겠지만 나는 장담할 수가 없다.

아마도 발싸심으로 이성과 감정이 유체 이탈이 된 채, 또 퀴즈판에 불나방처럼 기웃대고 있을 게 뻔하다. (2011년)

# 시계와 달력

문명의 최고 이기(利器)를 꼽아보라면 제각기 다를 것이다. 컴퓨터, 자동차, 텔레비전, 세탁기 등등. 하지만 이젠 휴대폰이 대세가 아닐까싶다. 휴대폰은 통화기능 본래의 목적에서 진화에 진화를 거듭했다. 똑똑한 휴대폰이 우리 생활 패턴을 바꿔놓은 게 어디 한두 가지 이랴만, 그 중에서도 시계와 달력의 기능을 동시에 냉큼 집어삼켜버린데 대해 나는 편리성보다 아쉬운 마음이 더 앞서곤 한다.

사람들은 굳이 손목에 거치적대는 시계를 착용하지 않으려 하고 방방마다 걸어두던 달력도 너저분하게 여겨 대표선수 뽑듯 거실에만 하나 정도 걸어놓을 뿐이다. 예전엔 최고의 필수품으로 사람들에게 융숭한 대접을 받던 시계와 달력이 점점 홀대받는 세태가 안타깝다. 나는 그것들이 우리에게 준 유용한 가치를, 추억이라는 이름으로 한번쯤 꼭 소고해 보고 싶었다.

## (1) 어머니의 기둥시계

남편이 출근하면서 손목시계를 벗어놓고 갔다. 시간이 자꾸 늦어진다며 시계방에 가서 수리를 좀 받아보라고 했다. 오랜만에 시계방에 들렀더니 시계 구경하는 재미가 쏠쏠했다. 벽에 걸린 수십 개의 시계가 제각기 추를 저어가며 째깍거리는 불협화음이 그 나름의 하모니가 되어 점점 편안하게 귓전에 와 닿았다. 그러고 보니 별 희한한 추가 다 있다 싶다. 기다란 벽시계에 남녀 한 쌍이 원을 그리며 춤을 추는 시계추가 있는가하면 팅커벨 요정이 앙증맞게 매달려 그네를 타는 추도 있고 일곱 난쟁이가 백설공주 치마폭에 오종종 매달린 추도 있다. 누가 저런 귀여운 생각을 해냈을까 싶다.

불현듯 예전에 우리집 안방에 걸려있던 기둥시계가 떠올랐다. 노닥노닥 기워도 마누라 장옷이 최고라 하듯, 요즘의 세련된 디자인보다 단순하고 투박하지만 어머니의 기둥시계가 훨씬 더 정겨워지는 건 우리 가족과 애락을 함께한 아련한 향수 때문일 것이다.

내가 중학교 들어가던 해, 어머니는 한꺼번에 두 개의 시계를 샀다. 하나는 커다란 기둥시계이고, 또 하나는 내 손목시계였다. 그땐 시계가 귀해서 라디오에서 매시마다 정각 시보를 듣고서야 몇 시 인줄 알았다. 어떤 때는 시계가 있는 이장집에 가서 시간을 물어봤던 적도 있었다.

어머니가 큰 맘 먹고 두 개의 시계를 사오던 날이 나는 지금도 어제 일처럼 잊히지 않는다. 어머니는 길쯤한 시계를 머리에 이고 세상을 다 얻는 양 득의만면해서 돌아오셨다. 게다가 동네가 떠들썩하도록 내 이름을 부르며 오셨는데 아마도 딸내미 손목에다 얼른 시계를 채워주고 싶은 마음이 앞서서였을 것이다.

안방 벽에다 기둥시계를 걸어놓고 시계불알이 왔다 갔다 하는 걸 쳐다만 봐도 배가 부를 지경인데 생각지도 않았던 손목시계까지 사주셨으니 그날의 설렘은 이루 말할 수가 없었다. 그런데 며칠이 지난 뒤였다. 내 손목시계에 대한 에피소드가 조그만 동네 얘깃거리가 되어버렸다. 어머니는 기둥시계를 사면서 시계방 주인에게 손목시계를 끼워달라고 사정하셨나 보다. 기둥시계 값은 에누리하지 않을 테니 대신 작은 시계 하나 끼워달라고 제안하셨다가 시계방 주인이 '차라리 기둥시계를 끼워달라고 하시는 게 더 낫겠어요.'라고 일갈한 모양이었다. 어머니는 객쩍은 그 상황을 모면하기 위해 호기롭게 두 개 다 사 버린 것이다.

내 손목에서 고락을 함께 한 시계는 8년여 만에 수명을 다했지만 기둥시계는 그 후로도 밥(태엽감기)만 주면 끄떡없이 제 본연의 임무에 충실했다. 식구들이 하나 둘 떠나가고 어머니 혼자 남아있어도 한 사람의 빈약한 시간일지언정 결코 직무유기란 없었다. 낡고 바래도 꾀 한번 피운 적 없고 몸살 났다고 드러누워 태만 한번 부린 적 없던 시계가 전조증(前兆症)도 없이 태엽기능이 망가진 채, 어느 날 갑자기 죽어버렸다. 바로 어머니 삼우제를 지내고 오던 날이었다.

미국 동요 '할아버지 시계'의 애절한 선율과 너무나 흡사한 상황이었다.

> 90년 전에 할아버지 태어나던 날 / 아침에 받은 시계란다
> 언제나 정답게 흔들어주던 시계 / 할아버지의 옛날 시계
> 우리 할아버지 돌아가신 그날 밤 / 종소릴 울리며 그쳐버렸네
> 이젠 더 가질 않네 / 가지를 않네.

미물도 못되는 무생물인 시계도 진정 주인의 온기를 느끼는 걸까. 우연이라기엔 참으로 불가사의 한 일이다. 동요에서처럼 90년에는 턱없이 모자라지만 우리집 기둥시계는 20년 넘게 어머니와 동고동락을 하면서 가장 마지막까지 가장 오랫동안 어머니를 지켜준 고마운 물건이다. 더 이상의 존재이유를 잃어버린 시계가 스스로 주인을 따라간 거라고 나는 믿고 싶다.

어머니 유품을 태우면서 기둥시계도 함께 보냈다. 오래전 불길 속으로 사라진 기둥시계를 회상하면서 세상사 어느 것도 의미 없는 건 없음을 깨단하게 해주었다.

## (2) 새해 최고의 선물

봄맞이 대청소를 하다 달력 하나가 뚝 떨어졌다. 세밑에 받은 달력인데 봄까지 태무심하게 장롱 속에 버려두었나 보다. 진해 해군사관학교에서 근무하시는 S선배님이 연하장과 함께 보내주신 달력이었다. 글씨 잘 쓰는 사람을 더러 봤지만 S선배님 만한 달필은 그리 흔하지 않을 것이다. 그 유려한 필체로 일껏 보내주신 S선배님께 죄송한 마음이 들어 얼른 못과 망치를 찾았다. 큰아이 방에다 달력을 걸어놓고 보니 달력 속 사진이 방안을 훤하게 했다. 하얀 제복의 생도들이 '받들어 총'을 하고 있는 늠름한 광경이었다.

격세지감이 든다. 예전엔 얼마나 달력이 귀했던가.

내 어릴 적엔 세모에 이르면 이장아저씨가 집집이 달력 한 장씩을 나누어 주었다. 열두 달이 달력 한 장 안에 빼곡히 들어앉아 있는 단출한 달력이었다. 맨 상단에는 근엄한 표정의 사진과 함께 「국회의원 OOO 배상」이라는 글씨가 쓰여 있었다. 또 매년 지역 농업협동조합에서도 농가마다 달력을 돌렸는데 그 역시 한 장짜리로 홑지기 이를 데 없는 달력이었지만 그땐 그마저도 감지덕지였다.

내가 6학년 겨울방학 때 오빠가 결혼을 했다. 오빠의 결혼 덕분에 그 해 겨울, 우리집은 달력 풍년이었다. 그것도 달랑 한 장짜리 초라한 달력이 아니라 매수가 도톰한 달력이 여러 개였다. 예물 장만한 귀금속점에서 얻었고 양복 맞추고 양복점에서 얻고 한복집에서도,

가구점에서도 얻었다.

당대 최고의 여배우들이 맨드리가 고운 한복을 입고 고궁에 서 있는 모습이나, 남자 배우들이 말쑥하게 양복을 차려입고 물 찬 제비처럼 포즈를 취하고 있는 달력은 눈을 즐겁게 했다. 그 중에서도 나를 가장 설레게 한 것은 세계의 풍광사진으로 만든 달력이었다. 스위스의 목가적인 풍경은 아무리 쳐다봐도 싫증이 나지 않았고, 나는 매일 밤 이국의 어느 곳에 있을 아름다운 풍경 속으로 끝없는 동경을 품은 채 잠자리에 들었다.

노란 민들레가 드넓은 초원 가득 피어있는 스위스 시골마을을 보며 알프스 소녀 하이디가 달력 속에서 금세 자박자박 걸어나올 것만 같았다. 친구들이 놀러 와서 부러워할 때마다 나는 하이디라도 된 양 으스대곤 했다.

'하선책력(夏扇冊曆)'이라는 말이 있다. 여름에 부채를 겨울엔 달력이라는 뜻으로 시절에 잘 맞는 선물의 표현이다. 언제부턴가 연말에 새해 달력을 선물하려는 사람도 없고 달력선물을 받아도 하뭇해하는 사람도 드물어졌다. 있어도 그만 없어도 그만인 채로 달력 구하느라 안달하지 않는 건 다 믿는 구석이 있어서 일게다.

휴대폰이 시계와 달력 기능을 대신해줘서 마냥 좋기만 할까. 어머니의 기둥시계처럼 훗날 누군가의 기억 속에 따스하게 반추될 시계는 영영 사라지고 말텐데. 새 달력을 받으면 기억해야 할 날짜에다 동그라미를 쳐놓고 손꼽아 기다리는 설렘도 다 사라지고 말텐데….

나날이 발전하는 디지털 기술은 인간에게 신속, 정확, 고효율이라는 편리를 주지만 사랑, 관용, 여유, 기다림 같은 작지만 소중한 아날로그적인 인간미를 상실해 간다는 아쉬움은 어쩔 수 없다. 아날로그식 사랑은 결코 잃어버리지 말아야 할 우리 삶의 보편적 가치이며 미래 세대에게 물려줘야 할 따뜻한 정서임에 틀림없으리라.

따뜻한 삶은 속도가 아니라, 여유에서 시작된다는 것을 내 아이들은 꼭 알아줬으면 좋겠다. (2008년)

# 변명과 해명

유사한 말이지만 전혀 다른 상황에 쓰이는 단어가 있다면 변명과 해명이 아닌가 싶다. 우선 사전적 의미로 옮겨보면 변명은 '잘못이 아님을 사리로 따져 밝힘'이고 해명은 '까닭이나 내용을 풀어서 밝힘'으로 나온다.

변명과 해명을 유의어(類義語)로 명기한 사전도 있다. 그렇지만 변명은 사전에 적힌 것과는 달리 실제 우리 생활에서는 부정적인 의미로 쓰인다.

가령 '그 여자는 학력 위조로 물의를 일으키고도 잘못을 인정하기는커녕 시종일관 변명만 늘어놓았다'처럼 변명은 잘못이나 실수를 전제로 한 뒤 그 잘못을 덮기 위해 구실을 대며 자신에게 유리한 방향으로 발명(發明)하는 일에 지나지 않는다.

거기에 반해 해명은 일반적인 사실이나 내용이 정확하지 않아 의

혹이 일 때 왜(why)가 포함된 설명으로 그 까닭을 밝히는 일이다.

'아파트관리비가 부풀려졌다는 주민들의 불만에 관리소장의 해명으로 상당부분 의혹이 해소되었다' 이렇듯 예문을 들어보면 변명과 해명의 차이는 뚜렷해진다. 그러니 두 단어가 유의어라기보다는 상대어에 더 가깝다고 말해야 하지 않을까. 실제 현장에서 내가 체험한 변명과 해명의 차이도 그러했음을 잊지 않고 있다.

큰아이가 고등학교 1학년 때였으니 꽤 오래전이다. 아이가 다니던 고등학교에서는 시험 때마다 학부모들에게 시험도우미를 요청했는데 나는 제의가 올 때마다 흔쾌히 응했다. 선생님은 정감독이고 학부모의 역할은 부감독이었다.

1학기 기말고사 '기술'과목에 배정 되었을 때였다. 시험 종료 시간을 알리는 벨이 울리자, 맨 뒷자리 아이들이 일어나 차례로 답안지를 걷어 나갔다.

걷힌 답안지 매수를 점검하던 선생님이 별안간 언성을 높이며 '0번 000학생 앞으로 나와!' 하시는 거였다. 기술 시험에는 답안지가 두 장이었다. 객관식 OMR카드와 A4용지를 열 칸 가로질러 만든 주관식 답안지였는데 거기엔 서술형과 단답형을 적어 넣는 거였다.

한 학생이 주관식 답안지 열 문제 중에 아홉 칸을 비워놓고 열 번째 칸에다가 '시발'이라고 써 놓은 게 발단이었다. 선생님은 그 학생이 시험문제 출제한 기술 선생님에게 반발하는 의미로 욕을 써놨을 거라 생각하신 모양이었다. 동료 보호본능이 앞선 때문일까, 단단히

오해하신 선생님은 당장 지우라고 했고 선생님의 고성에 얼뜬 표정을 짓던 아이는 그제야 상황 파악이 되는 듯

"선생님, 그게 정답인데요."라고 천연스레 대답했다.

"이 녀석! 정답이라니? 그걸 변명이라고 하느냐, 그런 변명이 나한테 통할 것 같으냐?" 선생님의 언성은 더 날카로워졌다.

다른 아이의 시험지를 빌려서 얼른 그 문제를 읽어보니 과연 그 학생의 말이 옳았다. 일이 더 커지기전에 내가 메지를 지어야 할 것 같아서 선생님께로 다가갔다. 이럴 땐 말재간이라도 있으면 얼마나 좋으랴만 마음만 앞섰다.

"선생님, 제가 해명하겠습니다. 저 아이가 쓴 건, 욕이 아니라 정답을 쓴 게 맞습니다. 제가 한때 퀴즈 공부를 한 적이 있는데 그때 공부했던 상식이라서 저도 아는 문제입니다."

내 해명이 충분했는지 선생님은 한결 석연해진 얼굴로 아이에게 엉거주춤 사과를 하셨다. 이왕 사과를 하려면 화끈하게 했더라면 아이 체면에도 더 좋았을 걸 하는 아쉬움이 남았다. 선생님은 주섬주섬 답안지를 그러모아 서둘러 교실을 빠져나가셨다. 물론 그 학생에게도 책임이 아주 없는 건 아니다.

1955년 우리나라 기술로 생산된 최초의 자동차 이름을 묻는 문제에 '시발'만 쓸게 아니라 '시발자동차'로 썼더라면 애초에 그런 분란은 일어나지 않았을 테니까.

전후 사정 헤아리지 않은 채, 답안지만 보고 빚어진 오해는 한바탕

의 해프닝으로 끝났지만 그날 나는 변명과 해명 사이에 얼마나 큰 괴리가 존재하는지를 여실히 깨달았다. 학생이 해명을 하기도 전에 선생님은 대번에 변명으로 몰아세워 버렸으니 거기엔 신뢰가 없었기 때문이리라.

예전에 친구들끼리 난센스 문제랍시고 '하늘과 땅 사이에 무엇이 있을까?' 라는 문제를 내곤했다. 저마다 사람, 구름, 산, 공기 등등으로 대답했다. 그러면 문제 낸 아이는 의기양양하게 '과'가 정답이라고 알려주었다. 하늘과 땅 사이에 '과'가 있다면 변명과 해명 사이에도 '과'가 있다고 베끼기하며 말휘갑이 가능할까. 너스레 떨며 지싯거리기엔 결코 가볍지 않은 단어임에는 분명하다.

복잡다단한 세상사에 변명과 해명을 필요로 하는 일이 부지기수일텐데, 애당초 그런 빌미를 만들지 않는 게 상책이리라. 자칫 세간의 입길에 오르내리면 망신살 뻗칠 일 말고 또 무엇이 있겠는가.

변명과 해명 사이에 무엇이 있을까? 라는 물음보다 무엇이 있어야 할까? 로 묻는 게 올바른 물음 일 것이다. 나는 두 단어 사이엔 '신뢰'보다 더 나은 단어가 떠오르지 않는다.

영원한 우정의 대명사가 되어버린 '관포지교'에서 포숙아는 관중에게 신뢰가 없었다면 번번이 관중을 위한 변명을 해 줬을까.

관중과 포숙아가 젊어서 동업을 하였는데 관중이 이윤을 가로채어도 관중이네가 식구가 많고 가난해서 그랬을 것이라고, 전쟁터에 나가서 관중이 도망쳐 와도 비겁해서가 아니라 늙은 어머니가 계시기 때문이라고 포숙아는 관중을 변명했다. 그 무한 신뢰가 부러울 따름이다. 신뢰만 있다면 변명과 해명은 유의어가 될 수 있고 한결 친숍아 질 수 있을 것이다. (2010년)

# 아픈 만큼 성숙해지고

대중교통을 이용할 때면 차에 오르는 사람마다 좌석을 찾아 두리번거리는 일은 예사 풍경이다. 누구라도 앉아서 가고 싶지, 서서 가고 싶지는 않을 것이다.

어느 날 버스를 타고 가다가 노약자석에 앉아 있는 젊은 여자에게 대번 눈총이 갔다. '참 예의 없는 여자 다 있네.' 하는 눈빛으로 쏘아보았지만 그녀는 아랑곳하지 않았다. 노인을 앞에 버젓이 세워 놓고도 노약자석을 점령하고 핸드폰 삼매경에 빠져 있었으니 보는 이의 시선이 고울 리가 있겠는가.

어느 개그맨이 노약자석을 일러 노련하고 약삭빠른 사람이 앉는 자리라고 하더니 가히 우스갯소리만은 아니구나 싶었다. 몇 정거장 지나자 내리려는지 그녀는 소지품을 정리하며 나더러 손을 좀 잡아달라는 다소 황당한 부탁을 했다. 아뿔싸! 나는 그제야 그녀의 발을 보게 되었다. 왼쪽 발에 두툼한 깁스용 신발을 신고 있었다. 전후 사정도 모르고 그녀에게 눈총질부터 한 것이 되레 무안해서 카드 단말기 앞에까지 손을 잡아 주었다. 간신히 내려 절룩대며 걸어가는 그녀의 뒷모습이 차창 너머로 스쳐갔다.

'아, 나도 저런 모습일 때가 있었지. 노약자석에 전세라도 낸 것처럼 앉아 있었으니…. 나 또한 성급한 누군가를, 곱새기게 하지 않았을까.'

6년 전, 비록 잠시 동안이었지만 나는 장애인 체험을 해봤다. 집 뒷산에서 운동을 마치고 내려오다 미끄러져 오른발 복사뼈가 부러지는 사고를 당했다. 발은 이내 매머드 발등처럼 퉁퉁 부어오르고 통증은 이루 말할 수 없었다. 6주 동안 깁스 상태로 지냈는데 그때 나는 신체적인 불편함보다 일상에서 겪은 이런 저런 설움으로 마음이 더 불편했었다.

큰애가 중학교 졸업하던 날, 목발을 짚고 간신히 졸업식에 참석했다. 돌아오는 길, 점심을 먹으러 식당에 들어서니 식사를 하던 사람들의 시선이 일제히 목발 짚고 있는 나에게로 꽂혔다. 조금도 달갑지 않은 표정이라는 걸 단박에 거니챌 수 있었다. 그렇거나 말거나 일단 들어왔으니 식사는 하고 가야겠기에 빈자리를 찾아 앉았다. 때마침 식당 안을 이리저리 휘젓고 다니던 꼬마아이가 내 옆에 가지런히 놓아 둔 목발이 신기했는지 그걸 만지려 했다. 순간 비명에 가까운 아이 엄마의 고함소리에 아이도 나도 놀라 움찔했다.

"안돼! 그건 지지야!" 아이가 불결한 것을 만져 세균이라도 옮을 것 같은 젊은 엄마의 낭패스러운 얼굴이 지금도 생생하다.

내가 시한부 장애인이라 받은 상처가 덜했지만 만약에 선천병이었거나 후천적 사고로 영구히 장애를 안고 살아야 했다면 그 모욕감은 훨씬 더 했을 것이다.

예전에 비해 많이 개선되었다고는 하나 우리 사회에서 아직도 장애인에 대한 홀대가 여전하다는 걸 알았다. 서러운 마음을 익삭이느라 그날 나는 비싼 음식을 개머루 먹듯 하고 나왔다.

지금도 그곳에 거주하고 있는지 알 수 없지만 70년대 초쯤에 산 하나를 사이에 두고 고향마을 인접한 곳에 장애인들만 사는 촌락이 있었다. 반듯하게 지은 새집이 붕어빵처럼 다닥다닥 붙어 작은 마을을 이루고 있었는데 사람들은 그곳을 '새마을'이라 불렀다. 그 마을 사람들은 보기만 해도 섬뜩한 모습이었다. 얼굴에 흉터 자국은 예사이고 쇠갈고리 손에다 목다리를 짚고 비쓱비쓱 온 몸을 흔들며 걷는 사람도 있었다. 우리 마을 사람들은 되도록 그들을 상대하지 않으려 했다. 그들의 입장에서는 얼마나 야속했을까 싶다.

전장에서 나라를 위해 싸우다가 신체 일부를 잃은 것도 억울한데, 자신들을 한센병 환자라도 되는 양 기피했으니 말이다. 사실 내가 그 상이용사들을 온전히 이해한 건 '수난 이대' 하근찬의 소설을 읽고 나서였다. 일제강점기와 6·25전쟁을 겪으며 불행한 시대의 희생물인 박만도 부자(父子)를 알고 나서부터는 상이용사에 대한 편견을 말끔히 씻어낼 수 있었다.

전쟁이나 역사가 남겨준 처절한 상처와 고통을 원망하며 자학하기보다는 현실과 타협하며 운명에 순응하는 박만도 부자에게서 순수를 보았기 때문이다.

좀 부끄러운 고백이지만 나는 장애인에 대한 속담을 동네 어른들에게서 많이 듣고 자랐다.

'병신 육갑한다' '뻗정다리 서나마나' '소경 눈뜨나마나' '앉은뱅이 앉아서 용 쓴다' 등등 수도 없이 많다.

장애인을 비하하는 말을 예사로이 했던 어른들은 왜 그리도 장애인들에게만 강밭게 대했을까. 상이용사들이 우리 마을에 나타나 감때사납게 굴었던 것도 아닌데 말이다.

'새마을에는 얼씬도 하지 말거라.' 라는 말로 자라는 우리에게까지 '장애인들은 저들만의 행동반경에 살아야 할 사람들이고 성한 사람이 가까이해서 결코 좋을 게 없다.'는 인식을 일찌감치 심어준 거나 다름없었다.

성한 사람이든 덜 성한 사람이든 차별을 두지 않고 있는 그대로 바라봐주고 도와주면서 함께 어우러지는 삶이야말로 인간이 가장 인간다워지는 길이라는 걸, 좀 더 일찍 깨달았어야했다.

흔히들 장애인에 대해 웬만큼 편견을 가지고 있으면서도 속 각각 말 각각 입치레에 급급한 사람들이 여전히 많다. 나는 몸소 체험을 통해 장애인들을 말이 아닌 마음으로 이해하게 되었으니 그것이 바로 역지사지 정신이 아닌가싶다.

돌이켜보면 복사뼈 부러져 깁스한 6주간이 나를 한층 성숙한 사람으로 만들어 준 시간이 아니었나 싶다.

아픈 만큼 성숙해졌다면 이 또한 전화위복이 아니겠는가.

(2009년)

# 양심은 지켜가는 것

아주 당연한 일임에도 요즘은 미담이라도 되는 양 양심고백 사연이 종종 신문에 실린다. 사연도 가지가지다. 어느 체신청 공무원이 30년 전에 횡령했던 공금 9만 5천원을 자신이 근무했던 우체국에 반환했다는 이야기, 학창시절 책 살 돈이 없어 서점에서 책을 몇 권 훔친 적 있는데 20년이 지난 뒤에 책값을 갚았다는 이야기며 가난한 고시생이 음식 값을 외상질하고 날았다가 세월이 흐른 뒤에 이자까지 넉넉히 쳐서 갚았다는 그런 이야기들이다. 어쨌건 국민의 공복인 공무원이 공금을 횡령하고 남에게 폐를 끼치고 양심을 속이며 산 사람들이라면 비난받아 마땅하다. 하지만 가난이 죄인지라 한때 굴절된 양심으로 인해 그들도 오랜 세월 가슴앓이 했을 터이다. 많이 늦었지만 인간이 지녀야 할 품성을 잃지 않고 지켜낸 용기 있는 사람들임에는 틀림이 없다. 이런 양심고백을 접할 때면 나는 으레 고향의

한 어르신이 떠오른다. 어머니가 운명하였을 때 이웃에 사시는 분이 문상 오셔서 부조금 외에 40만원을 따로 내놓으셨다. 어머니 생전에 빌려 간 돈이라고 했다. 우리 4남매는 돈도 돈이려니와 그분의 양심을 무척 고맙게 받았다.

십 수 년 전이나 지금이나 40만원이란 돈이 많다면 많고 적다면 적은 돈이지만 시골 사람들에게 현금 40만원은 결코 만만한 액수는 아니다. 갚아야 할 사람이 욕심을 내어 입을 싹 닦아버렸다면 모르고 넘어갔을 돈이기에 더욱 고마운 것이었다.

요즘 아이들이 쓰는 신조어로 '종결자'라는 말이 있다.

그 분야에서 끝맺음을 한 최고봉 내지는 결정판쯤으로 해석된다. 양심의 종결자(?)를 어느 날 TV뉴스에서 보았을 때, 그의 정직함에 기립박수라도 치고 싶었다. 세밑 강추위로 꽁꽁 언 사람들의 마음을 훈훈하게 녹여 준 주인공은 어느 아파트의 경비원이었다. 경비원 조모씨가 어느 날 쓰레기 분리수거를 하다가 현금 천만 원이 든 검은 비닐봉투를 발견해 경찰에 신고했다 한다. 수표도 아닌 온전히 현금만 들어있는 봉투를 보고도 그 유혹을 어떻게 뿌리쳤을까.

양심과 욕심이 동전의 양면처럼 붙어서 검질기게 유혹을 했을 텐데. 백만 원 남짓한 월급쟁이로서, 그 돈을 앞에 두고 어찌 천사만량하지 않았을까. 괴테의 '파우스트'에 등장하는 악마 메피토펠레스가 스멀스멀 기어 나와 "양심? 그거 알게 뭐야, 너 가져!" 라고 끊임없이 속삭였을 텐데….

양심을 저버리고 식언을 일삼고 비리로 얼룩진 고위층 사람들을 보는 것도 이제 국민은 신물이 날 지경이다. 검찰청 포토라인에 서서 그들은 플래시 세례를 받으면서 되레 당당하기까지 하다. 마치 등청하러 온 관리(官吏)가 아닌가 착각이 들게 하니 그런 후안무치가 또 있을까.

경비원 조씨의 살아 펄떡이는 양심은 새해를 여는 선물이었다. 아직은 정직과 양심이 살아있는 세상이라는 걸 경비원 조씨는 실천으로 보여준 것이고, 이는 곧 인간정신의 승리이기도 하다.

큰아이와 작은아이가 시기는 다르지만 대학시절 각각 지갑을 한 번씩 잃어버린 적이 있었다. 지갑을 잃어버리고 나면 당장 불편한 게 한두 가지가 아닌데다 그 낭패스러움 또한 이루 말할 수가 없다.

버스카드, 학생증, 운전면허증, ATM카드에다 각종 멤버십카드, 식권 등 카드 종류만 해도 여남은 개는 족히 되며 학생이라 큰 액수는 아니지만 약간의 현금도 있었다. 나는 아이에게 일단 며칠 기다려 본 뒤 재발급 받으라고 말했지만 지갑이 돌아올 거라는 확신은 나부터 없었다. 차라리 그믐밤에 달이 뜨는 걸 기다리는 게 낫겠다 싶을 만큼.

큰아이가 지갑을 잃어버린 지 닷새 만에 동작경찰서에서 택배 하나를 보내왔다. 서류 봉투 속에는 아이의 지갑이 들어있었는데 나를 깜짝 놀라게 한 것은 그 다음 순간이었다. 열어 본 지갑 속에는

18,000원 현금까지 고스란히 들어 있는 게 아닌가! 잃어버릴 당시의 지갑 그대로 돌아온 것이다. 누가 이토록 온전한 양심을 가졌는지 얼굴이라도 한번 보고 싶었다.

'누군지 모르지만 정말 복 받을 겁니다.' 그날 내내 나는 혼자 중얼거렸다.

작은아이가 지갑을 잃어버렸을 때, 나는 허둥대지 않았다. 큰아이 때처럼, 어딘가 또 그런 사람이 있을 것만 같았다. 당장 급한 대로 버스카드 하나만 장만한 뒤 일주일여를 목이 빠지게 기다렸다.

열흘이 가고 한 달이 가도 지갑은 돌아오지 않았다. 하는 수 없이 지갑을 새로 사고, 얼마간의 비용을 들여 각종 카드도 재발급 받았다. 잃어버린 지갑에 대한 미련도 기대도 서서히 엷어지고 아주 까마득히 잊히어 갔다.

거의 석 달쯤 지났을 때 이번에는 은평경찰서에서 택배가 왔다. 동작구에서 잃어버렸는데 왜 은평구에서 접수됐을까 갸웃하며 지갑을 꺼내 보았다.

운전면허증과 ATM카드(분실신고로 무용지물이 되어서인지) 두 개만 들어 있었다. 현금이야 기대도 안했지만 큰아이 지갑과는 너무나 대조적이었다. 도톰하던 지갑이 아주 홀태가 되어 돌아온 것이다. 사람으로 치면 깨깨 말라 육탈골립의 형국이었다. '잃어버린 사람이 잘못이지, 누굴 탓해.' 그렇게 마음을 다독여도 씁쓸한 기분이 드는 건 어쩔 수가 없었다.

아직도 버리지 못하고 서랍 속에 넣어둔 작은아이 빈 지갑을 보면 오징어 복장같은 누군가의 양심이 그려진다.

이탈리아 격언에 '양심은 간지럼과 같아서 타는 사람이 있고 타지 않는 사람이 있다'고 했다.

정말 그런 걸까. 사람마다 양심의 크기나 두께가 제 각각일까. 우둔한 생각이지만 그건 아닐 것이다.

인간을 만물의 영장이라 칭하는 것은 선악과 시비를 구분 할 줄 아는 양심을 지녔기 때문이리라. 양심은 고백으로 깨끗하고 맑아지는 게 아니라 처음부터 일관되게 지켜야 할 인간만의 가치인 것이다. 무형의 재산인 양심이 개개인의 처한 상황에 따라 카멜레온처럼 색깔을 달리해 오해와 불신을 낳게 되고 더러는 비난의 대상이 되기도 한다. 아무리 열악한 곳일지언정 사람과 사람 사이에 양심 꽃이 피어나 살피꽃밭을 이루고 진실과 순수함이 인간의 최고 가치로 존중받는 그런 세상이 우리가 지향하는 세상이 아닐까.

경비원 조씨처럼 반듯한 양심이 보편적인 세상의 중심축이 되어 비양심을 구축(驅逐)해 나가야 하는 것이다. 그것이 우리 모두가 양심을 지켜가야 하는 이유의 시작이자 끝이다. (2010년)

# 어떤 노욕

서울에 살면서 꼭 한번 찾아보고 싶은 곳이 있었는데 바로 운현궁이다. 이런 저런 이유로 또 차일피일하다 보니 서울살이 20년 동안 한 번도 가보지 못했다.

여름휴가 때마다 문화유적지 답사를 하느라 아이들을 데리고 팔도를 메주 밟듯 다녔으면서 서울 한복판에 있는 운현궁엔 왜 그리도 무심했을까 싶다.

편지마을 8月 모임을 안국동 운현궁 앞에서 모인다는 문자를 받으니 손 덕에 이밥 먹는 것처럼 설레기까지 했다. 입추도 삼복도 다 지난 8月 중순이지만 한낮은 아직 쇠뿔도 녹일 만큼 열기로 이글거렸다.

운현궁 규모를 덕수궁쯤으로 혼자 어림치고 왔는데 실제로 보니 궁이라고 하기엔 낯간지러울 정도였고 어느 고관대작의 사저나 종

택에 지나지 않았다

호랑이에게 떡 하나씩 던져주듯 긴 세월 속에서 후손들에 의해 자의든 타의든 이리 팔리고 저리 팔린 뒤 겨우 남은 건물이니 처음의 규모에는 어림없는 게 당연하겠다.

방계로 대통을 이은 임금의 아버지에게 내린 봉작이 '대원군'이다. 흔히 대원군이라면 고종의 부친 흥선대원군을 떠올리게 되지만 흥선대원군 말고도 역사에는 세 분의 대원군이 더 있다. 선조 임금의 부친 '덕흥대원군' 인조 임금의 부친 '정원대원군' 철종의 부친 '전계대원군'이다.

덕흥군, 정원군, 전계군은 사후 추봉된 대원군이기에 역사 속에서 먼지 한 점같이 미미한 존재에 지나지 않지만 고종의 부친 흥선대원군은 임금의 아버지가 아니라, 임금 그 이상이었다.

조선이 격랑에 싸여있던 세기말, 흥선대원군은 천신만고 끝에 열두 살 난 둘째아들을 왕좌에 앉히는데 성공했다. 그러고는 자신이 섭정을 맡았다. 그 자리에 앉기까지 흥선군이 살아낸 세월은 말 그대로 와신상담이었다.

순조, 헌종, 철종 3대에 걸친 60년간 안동김씨의 서릿발 같은 세도정치에 눌려 몸을 낮추고 또 낮추며 후일을 도모했다. 흥선군은 천.하.장.안 이라는 시정잡배와 무뢰배들과도 어울리며 스스로 파락호의 길을 걸었다. 감시의 눈길인 안동김씨들에게 터진 꽈리처럼 하찮게 보이기 위한 몸부림이었는데, 그 시절 왕실자손이 그렇게 사는 것만이 살아남는 법이라는 걸, 꾀자기 흥선군은 이미 터득하고 있었던 것이다. 천년만년 세도가 빨랫줄일 것 같았던 안동김씨도 철종의 죽음으로 몰락의 그림자가 드리워졌다. 마지막에 웃는 자가 승자라면 흥선대원군은 안동김씨 가문에겐 승자다.

운현궁을 둘러보다 '노안당' 앞에 서니 참으로 생각이 복잡해졌다. 노안당은 운현궁의 사랑채로 아들이 임금이 되어 노년을 편안히 보내게 됐다는 뜻에서 그런 이름을 붙였다고 한다. 하지만 어린 고종을 대신해 대원군의 10년 섭정기는 이곳에서 다 이뤄졌다니 노안당 본래의 취지가 무색했다.

왕조중흥의 기치아래 경복궁 중건, 세도정치 개혁, 서원 철폐, 천주교 박해 등 서슬 퍼런 조치들이 이곳에서 일시천리로 진행되었다. 사실상 노안당이 조정이나 다를 바 없었다.

대원군이 그 추진력으로 쇄국대신 개방의 길을 택했더라면 조선말이 열강의 각축장이 되지도 않았을 것이고 신미양요, 병인양요 등 잦은 전란을 치르는 곤욕도 없었을 것이다.

조선 왕조 몰락의 상당부분을 책임져야 할 흥선대원군! 그의 집 운현궁 뜰에서 나는 '대원군의 노욕' 곱씹어보았다.

10년의 섭정 후, 권좌에서 물러났지만 대원군은 한시도 권토중래(捲土重來)를 꿈꾸지 않은 적이 없었다. 부자지간에도 나눌 수 없는 게 권력이라지만 이미 성인이 된 아들 고종에게 권력을 미련 없이 물려줬더라면 며느리인 명성황후와 그토록 첨예한 대립은 하지 않아도 되었을 것이다.

대원군의 노욕은 조선 몰락을 촉진시켰을 뿐 아니라 명성황후가 일본의 자객에게 무참히 시해당하는 빌미를 제공해 준 꼴이 되었다.

노년에 사랑채에 앉아 먹을 갈아 난을 치며 파적을 달래고 아들 며느리 봉양을 받으며 그렇게 유유자적 할 수는 없었을까. 아무리 훑어봐도 흥선대원군은 생전 책임져야 할 일을 너무 많이 지어놓고 간 인물인 듯싶다.

역사를 흑백논리로 단죄하는 건 위험하다고 한다. 보이는 게 전부가 아닐 수도 있으니까. 하지만 역사에는 가정이 없듯이, 아쉬움도 함께 묻혀 질 수는 없는 일이다. 한 시대, 한 인물에 대한 가부(可否)의 평가는 개개인의 몫으로 남겨두어야 하는 걸까.

올해는 경술국치 100년이 되는 해이다. 국경일을 기뻐하는 것도 좋지만 국치일도 잊어서는 안 된다.

오후 내내 목청을 돋우며 울던 매미는, 나라가 결딴나던 100년 전에도 저토록 자지러지게 울었을까.

문우들과 운현궁을 걸어 나오면서 나는 대원군의 노욕이 여전히 아쉬웠다. (2010년)

# 현처 빈처 악처

일색 아내를 두면 석 달이 행복하고, 어진 아내를 두면 삼십 년이 행복하고 현명한 아내를 두면 평생이 행복하다는 말이 있다.

지천명이 미구불원하고 보니, 결혼 22년 동안 나는 남편에게 어떤 아내였는가를 곰곰이 생각하게 한다. 일색 아내도 어진 아내도 현명한 아내도 못 되는 나로서는 이즈음에서 중간점검을 해보는 자체가 부끄러운 일 일게다.

여자로서 아내로서 나에게 시새움나게 하는 여인들이 있는데, 아마 죽었다 깨어난대도 나는 그 여인들의 발뒤꿈치 근처도 못 따라갈 듯하다. 그나마 한 여인은 현실에 존재하는 게 아니라, 동화 속 인물이라는 게 다행이라면 다행이리라.

아이들이 어렸을 때 나는 머리맡에서 동화책을 읽어주며 잠을 재웠었다. 그때 전래동화 속에서 만난 한 여인이, 지금도 마치 생시처럼 내 마음속 깊숙이 자리하고 있다.

그녀는 가난한 선비의 아내로 글공부하는 남편을 대신해 혼자 생계를 꾸려 나갔다. 날품팔이, 삯바느질 등 손톱 발톱이 젖혀지도록 일을 했지만 남편 책 사대기도 버거울 지경이었다.

어느 날 뒤란에 있는 조그만 텃밭을 일구다가 땅속에서 누런 물체 두 개를 발견했다. 금덩이였다. 그녀는 잠시 고민했다. 그것을 팔면 지긋지긋한 현실에서 단번에 안락한 생활로 탈바꿈할 수도 있었다. 남편에게도 책도 원 없이 사 댈 것이며 무엇보다 남편을 가장의 책임에서 숨통을 틔게 해, 글공부에만 매진할 수 있도록 배려해주고도 싶었다. 그러나 그녀는 금덩이를 미련 없이 땅에 다시 묻어버렸다. 그러고는 아무 일 없었다는 듯이 여전히 날품팔이, 삯바느질로 남편을 뒷바라지했다.

몇 년의 세월이 흐르고 나서, 그녀의 남편은 당당히 장원급제 해 벼슬길에 나갔고 누옥에서 번듯한 곳으로 집도 옮겼다. 새집으로 이사 가던 날, 남편에게 텃밭에 묻힌 금덩이 이야기를 털어놓았다.

잠자코 듣던 남편은 아내가 안쓰러워

"그때 금덩이를 팔지 그랬소. 그랬더라면 부인의 고생이 덜했을 것 아니오?"

"서방님, 그 금덩이를 팔아 서방님을 뒷바라지했다면 틀림없이 나태해져 그만큼 글공부를 열심히 하지 않았을 것이고 오늘의 광영(光

榮)도 없었을 것입니다. 뒤뜰에 금덩이가 묻혀 있다는 것만으로 늘 든든했고, 어떤 일을 하더라도 저는 힘들지 않았습니다."

그녀의 말에 남편은 아내의 손을 꼭 잡았다. 누군가에게 또 다른 희망이 되라고 이사 올 때 금덩이를 그대로 놔두고 왔다는 그녀는 참으로 현명한 아내가 아닌가.

십 년 전, 초등학교 재경 동창모임에 갔을 때 사법연수생 신분으로 온 친구 B는 단연 우리들의 영웅이었다. 그는 삼십 초반에 잘 나가던 직장을 버리고 불확실한 미래를 향해 도박 같은 선택을 했다. 그런데도 묵묵히 가장의 뜻을 따른 그의 아내가 참으로 대단하다는 생각을 했다. 가장이 고시공부에 매달린 동안 아이들을 데리고 생계를 꾸리며 뒷바라지한다는 게 말처럼 어디 쉬운 일인가. 친구B는 봐란 듯이 5년 만에 꿈을 이뤄 아내의 노고에 종지부를 찍어줬다. 변호사로 출발한 친구B는 십년 만에 변호사 30명을 거느린 중견 로펌회사 대표가 되어있다.

'생일 잘 먹으려고 이레를 굶을까'라는 말이 있다. 미련스러운 사람을 조롱하는 말이긴 하지만 이레 뒤인, 여드렛날부터 하루하루가 생일이라면 이레쯤은 굶어볼 수도 있지 않을까 싶다. 그러나 나는 그렇게 하질 못했다.

친구 B의 아내처럼 불확실한 미래까지 껴안을 용기도 없었고 이레 굶을 용기는 더 더욱 없었다.

문학소녀 시절 나는 작가를 꿈꾸었다. 현진건의 소설 '빈처'를 교과서에서 배우며 내가 작가가 못 되면 작가의 아내로 살아가도 좋겠다는 생각을 했다. 행복은 물질에 있는 게 아니라 마음에 있다고 철석같이 믿으면서 '빈처'로 한세상 사는 것도 낭만으로 여겨졌다.

빈처를 꿈꾸던 소녀의 꿈은, 젊은 날의 한낱 치기에 지나지 않았음을 부끄럽도록 나는 고백하지 않을 수 없다. 이상과 현실에는 엄청난 괴리가 있다는 사실을 알았기에 나는 현실을 택했고 빈처이길 거부했다.

결혼 5년차에 접어들 때 둘째아이가 태어났다. 아이가 생후 100일 되던 무렵에 남편은 느닷없이 못다 이룬 꿈을 위해 공부를 하고 싶다고 했다. 어릴 적부터 파일럿이 되어 새처럼 창공을 누비며 살고 싶었는데 어쩌다 은행원이 되었다며 남편은 더 늦기 전에 공부를 해 그 길을 가고 싶어 했다.

나는 더럭 겁이 났다. 다섯 살 큰아이와 겨우 백일 된 작은 아이를 데리고 남편의 학부형 노릇할 엄두는 그 어디에도 없었다. 혹여 남편이 직장을 팽개치고 못다 이룬 꿈에만 매달리지 않을까 하루하루 살얼음판이었다. 남편의 꿈을 이뤄주기엔 내가 짊어져야 할 삶의 무게가 너무 무거워 보여 나는 지레 겁을 먹고 남편의 꿈이 걸음마도 떼기 전에 주저앉혀 버린 것이다.

눈앞에 나타난 금덩이조차도 다시 파묻어 버린 채 애옥살이도 마다하지 않고 남편을 뒷바라지한 현명한 아내, 언제가 될지도 모르는 남편의 성공을 기다리며 가장의 짐을 기꺼이 짊어진 친구 B의 어진 아내처럼 나는 현명하지도 어질지도 못하니, 아무래도 악처의 대명사인 크산티페 쪽에 줄을 서야 할 것 같다.

세월 따라 세상사는 법도 가치관도 많이 변했다. 신세대 남편들은 좋은 아내 조건이 착한 아내도 예쁜 아내도 아니란다. 태생부터 금숟가락을 물고 나오거나 아니면 맞벌이 할 능력을 제대로 갖춰야, 좋은 아내로 인정받는다니 격세지감이 아닐 수 없다. 착하거나 예쁜 것은 비단 위에 더해지는 꽃에 불과한 것이니….

어쩌나! 나는 비단도 꽃도 없으니 이래저래 악처에 가까운 듯싶다.

(2008년)

# 지옥에서 보낸 한철

## 15박16일 이야기

### 1. 당신의 보호가가 되던 날

다람쥐 쳇바퀴 돌듯 그날이 그날이라서 반복되는 일상이 따분하고 무력하다는 이들을 보면 나는 고까운 마음에 눈썹춤이 나고 말 것이다.

2010년 새해 벽두부터 우리 가족에게 한번도 경험해 보지 못한 불운이 떼를 지어 몰려왔다. 한 고개 넘으면 또 다른 고개가 떡 버티고 서서 '나도 한번 넘어봐라'고 혀를 날름거리며 끝없이 시험하는 것 같았다. 비교적 고통의 면역에 약한 내가 감당하기엔 버거운 시련이었지만 그렇다고 피할 수도 없는 일이었다.

2010년 4월21일, 남편과 강북 S병원을 찾았다. 일주일 전에 들러 수술예약을 해 놓았기에 짐은 최대한 간편하게 꾸렸다. 1박 2일 만에 끝나는 초간단 입원이라 굳이 짐을 만들 필요는 없었기 때문이다.

남편은 귓속에 종기가 있다며 가끔씩 통증을 호소했다. 본인도 대수롭지 않게 여기며 동네병원에서만 3년을 질질 끌어왔다. 말랑말랑하던 환부가 점점 딱딱해지자 동네병원에서는 큰 병원으로 가보라고 권유했다. 닭잡아 겪을 나그네를 소잡아 겪는 꼴이 되고 보니 진작 큰 병원을 찾지 않았던 게 후회스러웠다.

S병원에서는 아주 간단한 수술인 양 이튿날 퇴원이 가능하다고 했다.

아무리 간단한 수술이라도 수술은 수술인데 긴장이 아주 안 되는 건 아니었다. 수술실로 들어가는 남편에게 용기를 주려고 손을 꼭 잡아주었다. 외부 모니터에 '수술 중' 사인이 들어오고 한 시간이 지났을 때 수술실 문을 열고 나온 주치의가 보호자를 찾았다.

'내가 남편의 보호자라니, 이렇게 부실한 보호자도 다 있는가' 속으로 중얼거리며 주치의를 따라 수술실 옆방 상담실로 갔다. 의사는 말이 없었다. 말대신 주먹으로 탁자 위를 콩콩 두드리며 무거운 침묵을 쫓고 있었다. 그 짧은 시간의 침묵이 불편하고 더디게 느껴질 뿐 아둔하게도 나는 곧 닥칠 사태의 심각성을 전혀 느끼지 못하고 있었다.

잠시 뒤, 핸드폰으로 걸려온 전화를 받은 의사는 "역시 그렇군요. 알겠습니다." 라는 짤막한 통화를 마쳤다.

"수술 도중 심상찮은 조직이 발견되어 떼어서 의뢰했는데, 남편분에게 암이 확인됐습니다." 순간, 의사의 말이 왜 그리도 어이없게 들렸을까, 나는 얼토당토않다는 듯이 물었다.

"선생님, 귀에도 암이 걸립니까?"

"네. 암은 어느 부위든 다 걸릴 수 있죠. 상피내암으로 일종의 피부암입니다."

침이 삼켜지지가 않았다. 허둥대기만 할 뿐 나는 무슨 말을 더 했는지, 무슨 말을 더 들었는지 필름이 끊겨버렸다. 병실까지 허청허청 어떻게 올라왔는지도 당최 기억이 나지 않았다. 병실에 와 있는 남편을 보자 눈물이 왈칵 쏟아졌다. 남편도 뭔가 심상찮은 일이 벌어지고 있음을 눈치 채고 있었다.

남편과 함께 이비인후과 담당주치의 방에 들러 자세한 설명을 들었다. 암수술을 받아야 한단다. 병실로 와서 남편을 바라보고 있을 수가 없었다. 보고만 있어도 가슴이 콱 막혀와 나는 자리를 피했다. 남편 앞에서 울 수가 없었기에.

아래층으로 내려와 복도 구석에서 한참을 울었다.

'이 시간, 남편은 얼마나 두려울 것인가, 얼마나 외로울 것인가'

나는 신실하게 섬기는 신도 없으면서 그럴 염치도 없으면서 그냥 허공을 향해 원망을 토해냈다.

아, 21년 전 그 봄날에도 이 병원에서 나는 펑펑 울었다. 그때는 여기가 고려병원이었다. 작은애는 생후 백일 무렵부터 기관지천식으로 이 병원에 붙어살다시피 했다. 울다 제풀에 지친 아이가 가까스로

잠이 들면, 소아병동 비상계단에 앉아 그때부터는 내가 울 차례였다. 하염없이 울고나면 다시 견딜만한 힘이 생기곤 했다. 21년 만에 이 병원에서 내가 또 울게 될 줄이야!

## 2. 지옥같은 시간을 지나

이튿날부터 남편은 링거봉지를 주렁주렁 달고서 검사실로 불려 다녔다. 침대 머리맡에 '금식'이란 팻말을 걸어놓고 간 간호사가 무슨 죄일까만 그것조차도 못마땅했다.

병실풍경이 어떤지는 병원생활 해 본 사람이라면 금세 이해가 갈 것이다.

4인실이 다인실보다는 약간 나을 것 같아 남편은 4인실을 택했다. 이비인후과 환자들만 모아놨다고 해도 연령대는 각각이었다. 수술통증으로 밤새 칭얼대는 꼬맹이, 눈치없이 침대 모서리에 쇳소리를 내며 콩콩 두드리는 팔순노인까지 있어 불편을 참아내는 건 각자의 몫이었다. 또 입원환자마다 주치의가 다르니 회진 시간도 달랐다. 담당과장을 필두로 한 부대가 우르르 몰려다니는 의료진을 수시로 맞아야 하고 면회객들도 한두 명이 아니라 아예 한 소대가 몰려와 도떼기시장을 방불케 해도 그러려니 할 수 밖에 없었다.

검사나 수술받는 환자들은 각자 일정이 달라서, 혈압을 재거나 피를 뽑으려는 간호사들이 수시로 들락거렸다. 게다가 수련의들이 오밤중에 환자를 관찰하느라 나머지 환자들이 잠들어 있건 말건 사날 좋게 불을 환히 밝힐 때면 정말 난감했다. 그렇게 무례(?)해도 참을 수밖에 없는 이유는 저마다 피해자 가해자 역할을 동시에 하기 때문이다. 아니 좀 더 현실적으로 보자면 호텔 방값에 버금가는 1인실에 갈 형편이 못 되기에 다들 그렇게라도 감수하고 있는 것이다.

며칠간 검사로 혹사당한 뒤 2차 수술은 26일 월요일에 잡혔다.

25일 밤, 수술을 앞두고 레지던트 치프가 장황설을 늘어놓았다. 수술에는 늘 변수가 따르고 돌발상황이 생길 수도 있으며 수술결과를 미리 장담하는 건 금물이란다. 그러고는 수술 도중에 만에 하나라도 일어날 수 있는 일을 얄기죽얄기죽 하나씩 열거해 나갔다.

달팽이관을 다칠 수도 있고 턱관절을 깎아내야 할 수도 있고 침샘기능이 영구히 파괴될 수도 있고 한쪽 귓바퀴를 다 잘라낼 수도 있고, 최악의 경우 청력을 잃을 수도 있다고 했다. 단 1%라도 일어날 수 있는 부작용을 듣고 있으려니 간이 오그라들고 다리가 후들거렸다. 마치 협박처럼 들렸다. 극도의 불안과 두려움이 엄습해 왔다. 평소 안차고 다기진 남편이지만 지금 이 순간만큼은 왜 겁나지 않겠는가. 안 그런 척 할 뿐이지, 애써 담담하려는 남편을 지켜보는 마음이 갑절이나 더 아팠다.

밤 11시가 되어 나는 병원 문을 나섰다.

내일은 작은애가 ROTC 2차 시험인 체력검정을 보는 날이었다.

내가 없으면 우유만 한잔 먹고 갈 게 뻔해서 아침밥은 든든히 먹여 보내야 할 것 같았다.

남편을 병실에 두고 오는 마음은 천근만근이었다.

'혼자서 얼마나 두려울까….'

늦은 밤 버스를 타고 한강 다리를 건너오면서 한강변 고층아파트에서 새어 나오는 불빛을 멀거니 바라보았다. 저 안에 있는 사람들은 아무 걱정없이 느긋한 일요일 밤을 보내겠지. 내일을 위해 편안한 잠자리에 들겠지. 아무 일도 일어나지 않은 평범한 일상을 즐기는 사람들이 그토록 간절하게 부러웠던 적이 또 있었던가. 뜨거운 눈물이 왈칵 쏟아졌다.

밤새 뜬 눈으로 지새웠다. 이튿날 아침을 먹인 뒤 아이를 체력검정 시험장으로 보냈다. 작은애에겐 장차 직업군인으로 가는 초석이 될 시험인지라 큰아이를 보호자로 딸려 보냈다.

병원에 도착하니 남편도 사로잠을 잔 듯 더욱 데꾼해 보였다. 수술을 앞두고서야 제 아무리 강심장이라 해도 겁나지 않는다면 거짓말이겠지.

낮 12시 반이 되니 남자 간호조무사들이 수술실용 침대를 밀고 병실로 왔다. 우리 의지와는 상관없이 갱무꼼짝 수술실로 끌려가는 형국이었다. 침대를 따라가는 다리에 힘이 쭉쭉 빠지고 가슴은 두방망이질을 해댔다. 순간 나는 생각했다. 대신 할 수만 있다면, 정말 그럴 수만 있다면, 나는 주저 없이 내가 수술대 위로 가리라고.

함께 갈 수 없는 수술실 문이 닫혔다. 10분여가 지나자 외부 모니터에 수술시작 사인이 떴다. 정상적이라면 4시간이 소요될 것이고 상황이 안 좋으면 7시간이 걸릴 수도 있다고 했는데, 지금 내가 할 수 있는 일이라곤 4시간 안에 상황종료가 되기만을 바라는 거였다.

체력검정이 끝나는 대로 병원으로 오라고 아이들에게 문자를 띄웠다.

2시간이 지날 때까지는 그런대로 견딜만했다. 3시간이 지나자 아이들이 달려와 기다림에 합류해 주었다.

혼자보다 함께 기다린다는 게 무척이나 큰 힘이 되었다. 1차 수술 땐 그저 종기 하나 떼낸다는 홀가분한 기다림이었지만 2차 수술은 그래도 암수술이니만큼 부담감이 천양지판 이었다.

아! 마의 4시간을 넘겼는데 아직도 '수술 중' 사인은 요지부동이다.

속이 바짝바짝 타고 별의별 생각이 다 들었다. 1분 1분이 마치 한 시간씩 흐르는 것처럼 속이 까맣게 타들어갔다. 수술실 문 앞을 서성이다, 모니터를 쳐다보다, 그야말로 피를 말리고 있는데

"엄마, 아빠 '회복 중'으로 떴어요!" 아이들의 외침에 그제야 나는 의자에 엉덩이를 걸쳤다.

수술실에 들어간 지 4시간 17분만이다. 아마도 살아서 지옥구경을 하는 곳은 바로 수술실 앞이 아닐까싶다.

## 3. 당신은 위너 (winner)

수술이 잘 끝났다는 의료진의 말에 겨우 안도의 숨을 돌렸다. 이제 깔딱고개는 넘은 셈이다. 수술 후, 남편은 회복 의지로 가득 차 있어 너무도 고맙고 또 고마웠다.

다른 이들은 병원밥이 금방 질려 못 먹겠다고 아우성인데 남편은 병원밥조차 묵묵히 달게 먹었다.

며칠 만에 집에 들러 청소, 빨래를 하고 아이들이 먹을 반찬을 만들어 놓고 병원으로 가는 길에 초밥을 샀다. 병원밥 대신 한 끼라도 별식을 먹게 하고 싶었기에.

무슨 음식이든 가리지 않고 복스럽게 먹는 스타일이지만 초밥을 앞에 두고 살뜰히 먹는 남편을 보다 잠시 그런 생각이 들었다.

옛 어른들이 '논에 물들어 가는 것과 자식 입에 밥 들어가는 게 가장 보기 좋다.'는 게 이해가 됐다. 그건 자식이든 배우자든 크게 다르지 않으리라.

링거주머니를 매단 채 병원뜰로 산책을 나갔다.

'아, 철쭉꽃이 어느새 이렇게 만발했을까!' 남편은 철쭉꽃을 생전 처음 보는 것처럼 마냥 신기해 보고 또 보고 했다.

부부란 무엇으로 사는가?

남남으로 만나 사랑하고 자식 낳아 기르면서 희로애락을 함께 나누는 사람, 기나긴 인생길을 눈비도 함께 맞고 햇볕도 함께 쬐며 그렇게 걸어가는 사람, 서로에게 지팡이가 되고 울타리가 되어 주어야 할 사람들이 부부가 아니던가. 한자의 사람인(人) 형상만큼 부부를 잘 표현하는 말은 없을 것 같다.

긴 세월 함께 걷다보면 옴살 같다가도 때로는 버름한 채로 걷기도 하고 그러다 이내 손을 맞잡고 다붙어 갈 수 있는 게 부부이리라. 그러구러 세월의 더껑이에 켜켜로 앉은 정은 누가 뭐래도 오롯이 부부의 공동자산이다. 웬만한 충격에도 끄떡없고 시련 앞에서 더욱 공고해지는 게 부부의 정이고 사는 이유가 아닐는지…….

15박 16일간 지옥체험을 마치고 드디어 집으로 돌아가는 날이다.

오월의 햇살이 눈부시게 쏟아졌다. 돌아오는 길, 택시기사에게 건넨 남편의 한 마디는 "햇볕이 너무 밝아요,"라는 말이었다. 마치 극장 안에서 어둠에 흠뻑 젖었다가 극장 밖으로 걸어나올 때의 낯설고 눈부심 현상을 경험하고 있는 것처럼.

친동기들, 직장동료, 그리고 친구들까지 멀리서 가까이서 끊이지 않고 문병 와 주신 것도 우리에겐 큰 힘이 되었다. 남편과 나는 누구에게도 빚지고 사는 걸 싫어하는데 이번 일로 많은 분들에게 신세를 지게 되었다. 받았으면 갚을 날도 있겠지.

보호자 침대에서 토막잠을 자며 함께 견뎌 온 시간들도 훗날에 반추해보면 그 또한 그리운 시간이 되리라. 힘든 시간을 잘 이겨낸 남편에게 꽃다발과 e e 커밍즈의 시 한편을 안겨주고 싶다.

## 나는 당신의 마음을 지니고 다닙니다

e e 커밍즈

나는 당신의 마음을 지니고 다닙니다 (내 마음속에 지니고 다닙니다)
한번도 그러하지 아니 할 때가 없습니다 (내가 가는 곳은
어디든, 그대여, 당신도 갑니다. 내 홀로 무엇을 하든
그건 당신이 하는 일입니다. 님이여)
나는 운명이
두렵지 않습니다 (님이여, 당신이 내 운명이기에) 나는 세계가
필요하지 않습니다 (진정한 이여, 아름다운 당신이 내 세계이기에)
달이 늘 의미해 왔던 것이 바로 당신이요
해가 늘 부르게 될 노래가 바로 당신입니다
여기에 아무도 모르는 가장 깊은 비밀이 있고
(여기에 생명이라는 나무의 뿌리의 뿌리와
싹의 싹과 하늘의 하늘이 있고 그것은 영혼이
희망하고 마음이 숨을 수 있는 것보다 더 크게 자랍니다)
그리고 이것이 별들을 서로 떨어져 있게 하는 경이입니다
나는 당신의 마음을 지니고 다닙니다 (내 마음속에 지니고 다닙니다)

(2010년)

**‖ 축하 단평 ‖**

깨끗한 마티에르,
한 여름 석양같은 정조의 아우라,
영혼의 기쁜 손님들!

종로에서 인천행 전철을 탔다. 펄쩍 건너뛰듯 빠르게 몸을 밀어 넣었다.

언제부턴가 나는 전철을 타면, 전철 안을 휘 둘러보는 버릇이 생겼다. 살아가는 일이 날마다 고빗사위 같았을 때, 전철 안 사람들을 물끄러미 바라보며 '저 사람은 지금 어떤 삶을 살아가고 있을까.' 생각하던 데서 나온 버릇이다.

전철을 탈 때마다 느끼지만, 오늘도 역시 전철 안 기운은 시선을 아래로 떨어뜨리도록 짓누른다. 사람들의 표정이 무겁다 못해 그 앞에서 무릎을 꿇어야 할 듯하다. 세상을 좀 살았음직한 사람들의 바닥을 향하는, 아니 바닥으로 처진 표정들이 숨 막히기 때문이다. 눈에 힘이라고는 없어 보인다. 어딘가를 응시한 채 사념에 빠진 모습은 찾아볼 수 없다. 그저 삶이 지쳐서 만사가 싫은 듯한 표정들, 마치 어둠을 떠받들며 살아가는 사람들 같다.

저들에게 장은초 수필집 [엿을 사는 재미] 한 권씩 들려주고 싶다.

신앙에서 영성이 풍부한 사람은 말하거나 미소 지을 때, 아니 가만있어도 표정에서 환한 빛이 동살처럼 퍼져 나온다. 감성이 충만한 장은초 수필집이 그러하다. 전철에서 이 수필집을 읽는 이들이 있다면 그들 표정은 은근히 환할 것이다. 대책 없이 스마트폰에 빠져 있는 모습보다, 다소곳이 고개 숙인 채 책장을 넘기는 그 앞모습 또는 그 옆모습은 얼마나 지적인가.

[엿장수가 사라져 버릴까 봐 조바심을 내다가 마루 밑에 아버지 어머니 흰 고무신이 생각났다. 부모님에게 흰 고무신이란, 갈음옷을 입고 맑은 장소에 갈 때나 신는 특별한 신이었다. 구렁이 아래턱 여기듯 하는 신발을, 나는 각각 한 짝씩 들고 나왔다. 새 신이나 다름없는 신발값을 후하게 쳤는지 혼자서 한번은 퇴내게 먹을 만한 양의 엿을 끊어주었다.

(엿을 사는 재미)]

[엿을 사는 재미]를 펼치면 누에의 토사(吐絲)처럼 섬세하고 빛나는 직조를 통해 나온 영혼의 기쁜 손님들이 우리를 맞는다. 어디선가 풀잎 떠는 소리가 들린다. 이 사랑의 계절조차 더욱 숙성시킬 것만 같은 장은초 수필집, 이슬 맺히지 못하는 영혼의 풀잎을 치유한다.

'해드림'이 꽃등으로 만났던 개인 수필집이 장은초의 [발가벗고 춤추마]이다. 5년 전 나온 이 수필집을 대하면 여전히 새물내가 난다. 한여름 석양 같은 아우라가 처음처럼 행간에서 바람 불어오기 때문이다.

두 번째 장은초 수필집을 펴내며 가슴속 재단에 촛불을 켠다. 세상을 향해 목청껏 신불림하고 싶은 또 하나의 성채(星彩)다. 이번 [엿을 사는 재미] 역시 서경하고 서정하는 저자의 붓끝이 감미롭다. 앵티미슴(intimisme) 색조의 장은초 수필에서는 언제나 처음처럼 수필의 순미한 생리 현상이 느껴진다. 우리 모든 일상이 감동이고 멋일 수 없다. 그런데 장은초 수필의 인금은 소소한 일상조차 멋스럽게 한다. _ 수필가 이승훈